新编21世纪高等职业教育精品教材 ◆ 物流类

供应链管理实务

GONGYINGLIAN GUANLI SHIWU

主 编 楼巧玲

中国人民大学出版社
·北京·

图书在版编目（CIP）数据

供应链管理实务/楼巧玲主编. --北京：中国人民大学出版社，2021.10

新编21世纪高等职业教育精品教材. 物流类

ISBN 978-7-300-29813-9

Ⅰ.①供… Ⅱ.①楼… Ⅲ.①供应链管理-高等职业教育-教材 Ⅳ.①F252.1

中国版本图书馆CIP数据核字（2021）第174098号

新编21世纪高等职业教育精品教材·物流类

供应链管理实务

主　编　楼巧玲

Gongyinglian Guanli Shiwu

出版发行	中国人民大学出版社		
社　址	北京中关村大街31号	**邮政编码**	100080
电　话	010-62511242（总编室）		010-62511770（质管部）
	010-82501766（邮购部）		010-62514148（门市部）
	010-62515195（发行公司）		010-62515275（盗版举报）
网　址	http://www.crup.com.cn		
经　销	新华书店		
印　刷	天津中印联印务有限公司		
规　格	185 mm×260 mm　16开本	**版　次**	2021年10月第1版
印　张	8.5	**印　次**	2021年10月第1次印刷
字　数	164 000	**定　价**	29.00元

前　言

本教材是义乌工商职业技术学院校级资源库建设项目课程“采购与供应链管理”的配套教材。对于本教材的设计与开发，课程建设组首先进行了以高职物流管理专业人才需求与专业改革为内容的调研工作。通过对供应链管理的概念、结构、特征、类型等基本理论知识的分析，梳理出了供应链管理的基本认知，以此为基础，分析了供应链战略认知、战略定位、战略决策过程等供应链战略管理的基础理论知识，设计出供应链下的物流管理、采购管理、生产管理、库存管理、合作伙伴关系管理等教学项目。其中，供应链下的物流管理包括物流管理认知、物流管理战略、物流决策、第三方物流与第四方物流四个任务；供应链下的采购管理包括采购管理认知、传统的采购管理、供应链下的采购和采购管理三个任务；供应链下的生产管理包括生产管理认知、生产管理的特点、生产计划与控制三个任务；供应链下的库存管理包括库存认知、库存管理与控制的基本原理和方法、供应链库存管理三个任务；供应链下的合作伙伴关系管理包括合作伙伴关系认知、合作伙伴的选择、合作伙伴关系的构建三个任务。

本教材的主要特色是教材的使用与浙江省教学资源库中建设的资源高度契合，例如，自主学习网络课程中的图标、动画、视频、案例都是本教材的重要支撑。学生通过对本教材的学习，不仅能系统地掌握供应链管理的基本理论、原理、方法，更重要的是能形成在供应链构建、供应链优化、供应链运作、供应链管理、供应链绩效评价以及供应链资源整合等方面的实战能力，毕业后能在供应链理念的指导下从事相应的物流作业及供应链管理工作。

本教材由义乌工商职业技术学院外语外贸学院物流管理教研室专任教师楼巧玲主编，是浙江省高校“十三五”特色专业建设项目——义乌工商职业技术学院物流管理专业（浙教高教［2017］29 号文件），及 2019 年度义乌工商职业技术学院校级在线开放课程项目“采购与供应链管理”（编号：2019zx38）的阶段性成果。

目 录

项目一

供应链管理认知

知识目标

1. 掌握供应链的定义
2. 了解供应链的特征
3. 掌握供应链管理的概念
4. 熟悉供应链管理的目标
5. 了解供应链管理的运作机制

技能目标

1. 能够认识供应链节点并绘制出一个供应链网架结构
2. 能够认识供应链管理的作用和目标
3. 能够分析供应链管理的流程

任务一 供应链的形成和发展认知

案例导入

德邦快递

德邦快递成立于1996年，是一家直营式物流民营企业，现已成长为以大件快递为主，联动快递、物流、跨境、仓储与供应链的综合性物流供应商，并于2018年在上海证券交易所挂牌上市。德邦快递以标准化的服务引领行业，通过统一的车体形象、店面形象、员工形象和操作标准，全方位提供始终如一的专业服务；同时，根据客户的不同需求，通过定制化的创新为各行业客户提供代收货款、签单返回、保价运输、安全包装等增值服务。“物畅其流、人尽其才”是德邦的使命，“以客户为中心、以进取者为本、以团队创高效、坚持自我反思”是德邦的核心理念。

信息化是现代物流发展的必由之路，也是德邦快递精细化管理的重点。目前，公司旗下的德邦科技拥有138个IT系统、57个IT项目、5个开发平台。每年投入超过5亿元，未来将继续加大IT资源投入。

随着互联网与电子购物的兴起和普及，快递行业得以迅猛发展，德邦的主营业务量也在快速增长，高效处理大数据、高效打通内部业务部门成为现代化物流行业以及德邦面临的首要问题。

2012年，德邦开始全面系统地实施线上化、数字化。2016年开始，德邦对大数据进行融合，展开综合分析与管理。2018年，德邦通过数字化管控，将主营业务的各个环节模拟至数字孪生中心，达到“两个实现”：通过大数据分析，预测识别业务风险，实现总部-区域-业务现场三级扁平化管理；通过数字化过程解决人管人效率低下的问题，实现结果数据管理向过程实时数据管理覆盖。

经过第一年尝试、第二年完善、第三年扩大应用，德邦形成了包括指挥中心大屏、PC端、移动端在内的多屏互动立体化指挥体系，打造了两套系统：一是风眼系统，覆盖了德邦所有业务场景，打通了核心业务系统，通过实时数据分析预警、可视化监测、自动化干预，可以有力支撑管理层高效与智能决策。二是魔镜大数据系统，汇集了德邦126个核心业务系统数据，通过信息技术进行数据采集，运用实时运算技术，目前可支持亿级数据量的秒级运算，通过搭建底层数据模型，对各环节承载数据进行预测、预警。

如此，通过企业内部数字系统与业务系统，德邦快递已实现三级智能调度指挥。通过场景数字化，将常规场景异常数据告知业务系统，触发业务系统自动阻断机制，干预进行中的业务；重大异常场景通过告警责任人，由责任人决策是否执行阻断机制。实现风险事前规避、事中及时处理、事后跟踪复盘归档流程化，避免二次发生。减少问题发现到异常上报、异常知晓到决策下发、决策执行的风险解决时间；减少风险监控人力投入，释放管理层基础管理职能与精力，向精益化管理提升。

资料来源：中国物流与采购联合会．德邦快递：三级指挥调度系统．(2021-03-11)[2021-05-01]. http://www.chinawuliu.com.cn/xsyj/202103/11/543175.shtml.

案例思考：

1. 谈谈你对供应链的认知。
2. 你认为物流公司在供应链中扮演着怎样的角色？

从人类有分工合作和交换所需开始，供应链就已经出现了，举例来说，农民在土地里种出玉米，收获后把玉米卖给磨坊，磨坊把玉米加工成面粉，将面粉卖给面包店，面包店制成面包在店里出售，最后面包被消费者购买食用，这些活动链接起来，就形成了一条供应链。

现代供应链管理，是伴随着管理学、会计学、市场营销学、财务管理、物流管理等学科的发展和成熟，在理论和实践的不断探索中逐渐发展起来的。

一、供应链的产生及发展

什么是供应链

20 世纪后期开始，伴随着经济全球化、网络化的浪潮，供应链管理成为企业管理的趋势，企业之间的竞争已经从单个企业间的竞争，变为供应链与供应链的竞争。企业通过供应链管理，整合供应链上下游企业的资源，提高企业竞争力，降低供应链成本，不断满足最终顾客的需求。供应链产生的背景包括以下几个方面。

（一）科学技术的进步

20 世纪 90 年代以来，网络化、数字化和信息化给企业带来了深刻的影响，由于科技飞速发展，快速准确的综合信息为以时间为基础的物流业发展提供了技术支持。基于快速可靠的信息交换的作业安排，企业零库存、快速响应、连续补货和自动补货战略成为可能。特别是以通信和计算机技术为基础的国际互联网，为企业的信息传输和交换提供了方便、快捷、低成本的手段，打破了企业间竞争与合作的地域限制。

（二）全球经济一体化

在世界经济全球化的背景下，企业可以利用互联网，寻找全球最优秀的供应商，全球范围内劳动力成本的巨大差异和人力资源的利用，也为企业降低生产成本、提高竞争力提供了条件，其目标不在于获得最有利的交易，而在于获得最佳合作伙伴，企业可以围绕这种伙伴关系建立一种新的管理体系。企业的形态和边界将发生根本性改变，企业将与全球网络供应链融为一体，其运作范围将扩展到整个网络供应链，企业之间通过整合全球网络供应链的全部资源，实现最佳收益，加强外部资源的可利用性。全球网络为企业开发和拓展海外市场提供了便利，而加速成长的海外市场大幅度地增加了企业的利润。

经济一体化潮流已成为供应链需求产生的动力因素，世界贸易组织推行的贸易自由化促进了生产要素的自由流动，使资源配置不断优化，以求实现全球经济一体化。在经济一体化的影响下，企业文化也从过去的“纵向一体化”逐渐向“横向一体化”靠拢。企业之间的合作正日益加强，跨地区甚至跨国家的企业合作趋势日益明显。

（三）市场竞争白热化

20 世纪 60 年代，企业间竞争的主要因素是成本；到 70

变为质量；进入80年代以后，竞争的主要因素则转变为时间。企业间的竞争越来越激烈，产品生命周期越来越短，在千变万化的市场环境中，也许最大的变化就是“速度”。随着客户需求的多样化发展，企业的产品开发能力也在不断提高，新产品的研制周期大大缩短。与此相应的是产品的生命周期缩短，更新换代速度加快，产品品种数飞速增加，对企业的竞争力提出了新的、更高的要求。

（四）消费者需求的不断变化

20世纪90年代以后，人们的生活意识已从原来的追求温饱型或数量型转向追求生活的质量，同时，经济社会向国际化、信息化及人口结构高龄化急剧转化，客户价值日益多元化，生活类型也日渐多样化。由此，消费开始向个性化和多样化方向发展。人们不再侧重于购买为满足需求规模而大量生产的商品，而是倾向于在重视商品质量和体现自己生活方式的基础上，购买差异化的商品。

这种消费行为上的变化对企业的生产和经营产生了深远的影响。客户消费观念和消费形态的变化使客户从注重产品是否经久耐用，较多考虑质量、功能与价格三大因素，转变为关注产品能否给自己的生活带来活力、充实感、舒适和美感。他们要得到的不仅是产品的功能和品牌，而且是与产品有关的系统服务。于是，客户评判产品的标准从“要不要”“喜欢不喜欢”发展为“满意不满意”，客户对产品和服务的期望越来越高。因此，企业要用产品本身所具有的魅力和一切为客户着想的体贴去感动客户。

在这样的背景下，供应链管理的理念应运而生，企业需要从消费者的角度出发，整合供应链资源，利用信息技术，以核心企业为中心，提高供应链的效率，降低供应链成本，最大限度地满足最终客户的需求。

二、供应链管理形成与发展的过程

供应链管理形成与发展的过程分为三个阶段：供应链管理萌芽阶段、供应链管理形成阶段、供应链网络的优化阶段。

（一）供应链管理萌芽阶段

供应链管理的萌芽阶段是从20世纪80年代初到20世纪90年代初，随着物资需求计划（Material Requirement Planning，MRP）、制造资源计划（Manufacturing Resources Planning，MRPⅡ）系统的日渐成熟和普及，企业内部的供应链信息能够迅速准确地在企业各部门之间传递，这就为建立一个统观全局的、完整的供应链系统奠定了坚实的基础，同时为供应链上游企业之间的服务提供了所需的业务处理信息。在这个阶段，企业开始重视对员工的供应链管理培训，并与供应商和分销商进行紧密的合作。

但在这个阶段，供应链的运作多局限于企业内部，而与外部企业的联系非常少，因此外部企业间经常存在着大量的目标冲突，也就无法从整个供应链的角度出发来实现供应链的整体优[illegible]这个阶段的供应链管理绩效低下，尚无法实现整体供应链的运作。

（二）供应链管理形成阶段

供应链管理的形成阶段是从20世纪90年代初到20世纪末。在20世纪90年代初，学术界试图给出一个供应链管理（Supply Chain Management）的框架，花费了大量的精力去研究它的基本原理，并推断出供应链管理对整个社会必将是一个巨大的挑战。从20世纪90年代开始，企业资源计划（Enterprise Resource Planning，ERP）的迅速传播和广泛应用，使企业的信息和业务都实现了高度的集成。一些跨国大公司开始着手加强自己与供应商、销售商之间的联系，通过计算机网络分享物流信息，电子数据交换（Electronic Data Interchange，EDI）系统的出现也大大加快了信息在合作伙伴之间的传递速度，并提高了信息传递的准确性。

在这个阶段，随着信息技术和管理运作技术的逐步成熟，供应链业务运作也不断发展和成熟，利润的源泉已经转移到企业与外部交易成本的节约，以及库存的控制和物流的梳理上。为进一步挖掘降低产品成本和满足客户需求的潜力，提高效益，企业开始把需求预测、供应链计划和生产调度作为一个集成的业务流程来看待。因此，越来越多的跨职能部门、供应链成员相互协调，制订相关联的最佳销售和运营计划行动方案，供应链计划和决策执行都朝着跨职能部门的一体化方向发展。

但是EDI系统也有整体投资大、灵活性差等问题，所以只能在有限的几个合作伙伴之间使用。随着互联网的普及和发展，越来越多的基于互联网的信息共享和数据传输方式，为信息平台、跨地理位置的供应链管理合作提供了相对便宜、性能可靠的技术支持。思爱普（SAP）和JD Edwards等传统ERP系统提供者也积极参与了基于ERP系统的跨企业供应链管理软件的开发。

（三）供应链网络的优化阶段

供应链网络的优化阶段始于21世纪初期。进入21世纪后，在发达国家已得到比较广泛应用的、基于互联网的供应链系统和电子商务系统彻底地改变了供应链网络的原有商业模式，改变了原有的物流、信息流和资金流的交互方式和实现手段，许多供应链管理策略和系统随之出现，如供应商管理库存（VMI）、联合库存管理（JMI）、预测与补给、供应商关系管理、产品生命周期管理、供应链计划和供应链执行等。这些策略和系统的应用使供应链成员间的业务衔接更加紧密，使整个供应链的运作更加协同化。企业可以通过与供应商和客户间的这种协同运作来更准确地确定要从供应商那里得到什么，以及要给客户提供什么。

这一阶段的供应链管理特别强调在计划和决策上实时的可视性、前向的可预见性，以及供应链流程管理和事件管理的能力。通过供应链上的可视性和可预见性，能够合理地确定链上业务的优先级，优化定位所需资源，对管理目标给出应对策略，考虑可能的替代资源，并评估风险和给下游价值链造成的影响。

任务二 了解供应链的基础知识

案例导入

科技化驱动的BPO统包：智能简化复杂的工业制造供应链

一、客户基本情况

C客户是世界500强科技集团的核心事业单位，主要从事精密模具、手机/平板/电脑产品机构件、自动化设备、自动化机器人、精密刀具、光学产品等的研发与制造。

随着国内人力成本的不断攀升，以及集团工业互联网的快速推进，C客户面临着招人难和调整人才结构的双重挑战，并希望不断通过科技手段来实现提质、增效、降本、减存的目标。

作为中国制造业典型代表的C客户，在全国拥有七处保税工厂，除外包部分国内、国际运输和VMI业务外，仍自营自控着厂内物流、关务、客户管理库存（CMI）业务、线边仓等作业，相关人力将近500名，年度直接人力成本超过5 000万元。

这是一笔不小的固定投入。业务量上升，人力成本会随之上升，但业务量下降，人力成本却并无多大变化。而且，人员、设备、场地管理的边际成本也居高不下。

由于一直处于自营的状态，C客户很多供应链管理模式和作业方法沿用已久，缺乏创新；入厂供应链、生产供应链、交付供应链、售后供应链等网络纷繁复杂；系统化程度低、流程冗繁，不但拖累了作业效率，偶尔的差错风险也给生产制造带来了巨大的损失隐患。

目前，C客户还面临着库内作业自动化、供应链管理系统升级改造的需求，在供应链关务、仓储、运输业务统包的基础上，这也只能初步满足C客户增效、降本的短期目标。为了契合其集团工业互联网的建设需要，准时达（JUSDA）除了推介实时供应链协同平台，还为其度身定制IoT自动化集成方案，帮助企业从标准化、数字化向全球化、平台化发展，并建立可持续优化的战略发展机制。

二、JUSDA简介

基于成熟的天网、地网、垂直骨干网的布局，JUSDA为生产制造企业打造的商物流程外包（BPO）的“供应链业务统包解决方案”完美契合C客户的需求。

不同于第三方物流（3PL）关注过程流的运营服务和第四方物流（4PL）关注物流资源整合的服务，JUSDA凭借在服务制造业的丰富经验，通过BPO的供应链统包解决方案将供应链上的角色和过程融为一体，以科技手段和信息技术，打造大数据驱动的C2M2C智能化供应链。

JUSDA将自己定位为企业的战略合作伙伴，其BPO统包供应链解决方案旨在简化复杂的供应链，相较于4PL概念更大，体现在以下三个方面：

（1）更全面：不但链接过程，更链接产业链条上的不同角色。

（2）更透明：六流合一，数据更完整；端到端整合，可视化程度更高。

（3）更智能：供应链大数据＋行业know-how（技术诀窍），打造智能供应链。

JUSDA利用金融大数据分析、云平台建设、物联网信息系统集成应用为一体的综合信息网络，自主研发信息系统平台，为客户提供可视化、可共享、可集成、可监控的全网综合信息分析与处理，全面支持内部和外部客户的供应链管理和运营服务，实现端到端的全智能化系统平台协同运作。

三、JUSDA的解决方案

JUSDA拥有自己的智链实验室，专注IoT设备的研发和硬件＋软件的自动化集成，以前沿科技提升供应链管理效率，从而打造智慧供应链。

科技实力本身就是JUSDA打造BPO服务的基础。以“实时供应链协同平台”为前台，“智能化＋六流可视化”为中台，“数字化＋自动化”为后台，JUSDA以生产制造企业的视角为主轴，打造了“制造业数字化供应链解决方案”，即MDS（Manufacturing Digital Supply Chain Management）。

JUSDA作为工业互联网中顶尖的智能供应链平台，旨在以便捷的商业模式赋能全球企业。MDS更是精准定位，致力于为制造业，尤其是中小企业赋能。

MDS是一个完整的体系，也可以模块化输出。客户只需关注协同平台的前台呈现，即可便捷地做出智能的商业决策。中台的运营管理和后台的操作执行，尽由JUSDA统筹完成。

针对C客户的MDS方案规划：

（1）后台（操作执行）：JUSDA根据C客户既有业务流程和服务资源，全盘承接仓储、关务、物流业务，渗透厂内制造物流，并通过系统实时和IoT设备规划，实现全流程数字化。

（2）中台（运营管理）：JUSDA通过专案项目团队和控制塔统筹运营管理，以单一窗口对接C客户，并延伸对接供应商、客户、承运商等。还通过网络优化、流程优化、库存优化等精益管理的持续优化理念，在智能可控的基础上，逐步规划并实施优化方案。

（3）前台（协同决策）：通过六流数据的采集，JUSDA实时供应链协同平台不但为C客户各级管理层提供定制化商业智能仪表盘（Dashboard）和报表，还在数据协同的基础上，实现任务协同，实时解决并记录任何异常，实现全过程可追溯。

资料来源：中国物流与采购联合会．准时达国际供应链管理有限公司——科技化驱动的BPO统包：智能简化复杂的工业制造供应链．（2020-07-29）[2021-05-01]．http://www.chinawuliu.com.cn/xsyj/202007/29/517445.shtml.

案例思考：

JUSDA是如何为制造企业提供供应链服务的？

一、供应链的定义

供应链目前尚未形成统一的定义，许多学者从不同的角度出发给出了许多不同的定义。早期的观点认为供应链是制造企业中的一个内部过程，它是指把从企业外部采购的原材料和零部件，通过生产转换和销售等活动，再传递到零售商和用户的一个过程。

供应链的定义-1

美国的史迪文斯认为："通过增值过程和分销渠道控制从供应商的供应商到用户的流就是供应链，它开始于供应的源点，结束于消费的终点。"伊文斯（Evens）认为："供应链管理是通过前馈的信息流和反馈的物料流及信息流，将供应商、制造商、分销商、零售商直到最终用户连成一个整体的模式。"这些定义都注意到了供应链的完整性，考虑了供应链中所有成员操作的一致性。还有学者将供应链定义为："供应链是执行采购原材料，将它们转换为中间产品和成品，并且将成品销售给用户的功能网链。"

供应链的定义-2

本书采用的是国家标准《物流术语（修订版）》（GB/T 18354-2006）对供应链的定义，即生产及流通过程中，涉及将产品或服务提供给最终用户活动的上游与下游组织所形成的网链结构。供应链是围绕核心企业，通过对信息流、物流、资金流的控制，从采购原材料开始，到制成中间产品以及最终产品，最后由销售网络把产品送到消费者手中的，将供应商、制造商、分销商、零售商直到最终用户连成一个整体的功能网链。

供应链是一个范围更广的企业结构模式，包含了所有加盟的节点企业，包括了物流、信息流、资金流。

二、供应链的结构

图1-1所示为最常见的供应链结构，从图中可以看出，供应链由所有加盟的节点企业组成，其中一般有一个核心企业（可以是产品制造企业，也可以是大型零售企

业），节点企业在需求信息的驱动下，通过供应链的职能分工与合作（如生产、分销、零售等），以资金流、物流/服务流、信息流为媒介实现整个供应链的不断增值。

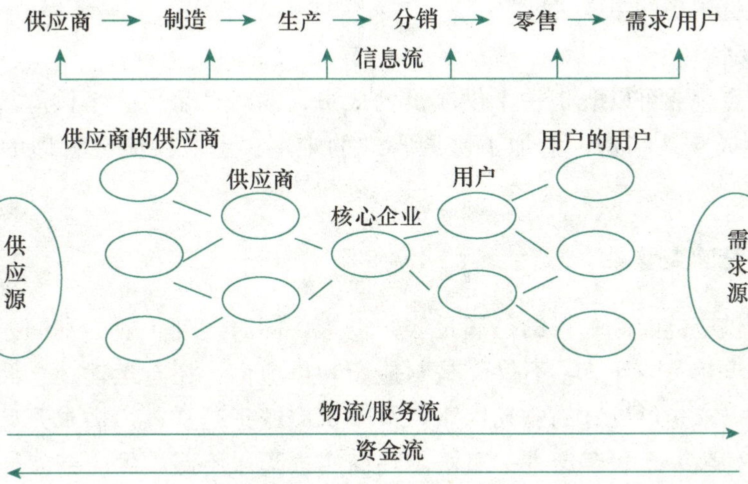

图 1-1　供应链的结构

从原材料供应商到最终消费者，所有的成员都处在供应链中。供应链的节点不同，供应链与其节点的关联程度也不同。一般来讲，从原材料供应商到最终消费者所构成的供应链会有多个节点，而这多个节点便构成供应链的网络。根据这个网络中供应链成员及其工序连接的方式，可将供应链的结构分为链状结构和网状结构。

供应链的结构

三、供应链的特征

（一）复杂性

供应链是一个复杂的网络，这个网络是由具有不同目标的成员和组织构成的。供应链节点企业的组成跨度（或层次）不同，供应链往往由多个、多类型甚至多国企业构成，所以供应链结构模式比一般单个企业的结构模式更为复杂。

（二）动态性

供应链系统会随时间而发生变化，在供应链上，即使能够较准确地预测需求，在计划过程中也需要考虑在一段时间内季节、趋势、广告和促销、竞争者的策略等因素引起的需求和成本参数的变化。这些随时间而变化的需求和成本参数使确定最有效的供应链变得很困难，这种动态性也给管理带来了挑战。此外，供应链管理因企业战略和适应市场需求变化的需要，要求节点企业动态地更新，从而使得供应链具有明显的动态性。

（三）面向用户需求

供应链的形成、存在、重构都是基于最终用户需求而发生的，并且在供应链的运作过程中，用户的需求拉动是供应链中信息流、物流/服务流、资金流运作的驱动源。因此，准确、及时、有效地搜集用户需求信息，并快速、动态、高质量地满足用户需求，就是供应链管理的主要目标之一。

（四）交叉性

供应链节点企业可以既是一个供应链的成员，同时又是另一个供应链的成员。众多的供应链形成交叉结构，增加了协调管理的难度，也对供应链管理的绩效提出了挑战。

四、供应链的类型

建立一条供应链的最终目的是满足客户需求，同时实现企业的利润。它包括所有与满足客户需求相关的环节，不仅仅是制造商和供应商，还有运输、仓储、零售和顾客本身。客户需求是供应链的驱动因素，一条供应链正是从客户需求开始，逐步向上延伸的。例如，当一个顾客走进一家沃尔玛商店去买尿不湿，供应链就开始于这个顾客对尿不湿的需求，下面的节点依次是沃尔玛、运输商、分销商、尿不湿生产工厂。管理的出发点不同，会导致供应链的驱动力和供应链的流动方向不同，按照这个观点，供应链的类型可以分为推式供应链、拉式供应链和推-拉混合式供应链。

（一）推式供应链

推式供应链是指以制造商为核心企业，根据产品的生产和库存情况，有计划地把商品推销给客户，其驱动力源于供应链上游制造商的生产。其模式如图 1－2 所示。

图 1－2　推式供应链

在推式供应链中，生产和分销的决策都是制造商根据长期预测做出的。也就是说，制造商是根据从零售商处获得的订单进行预测。事实上，企业从零售商和仓库那里获取的订单的变动性要比顾客需求的变动性大得多，这就是通常所说的牛鞭效应。

（二）拉式供应链

拉式供应链是指以客户为中心，关注客户需求的变化，并根据客户需求组织生产。其模式如图 1－3 所示。在这种运作方式下，供应链各节点集成度较高，有时为了满足客户的差异化需求，不惜追加供应链成本，属买方市场下供应链的一种表现。

推式供应链和拉式供应链的优缺点如表 1－1 所示。

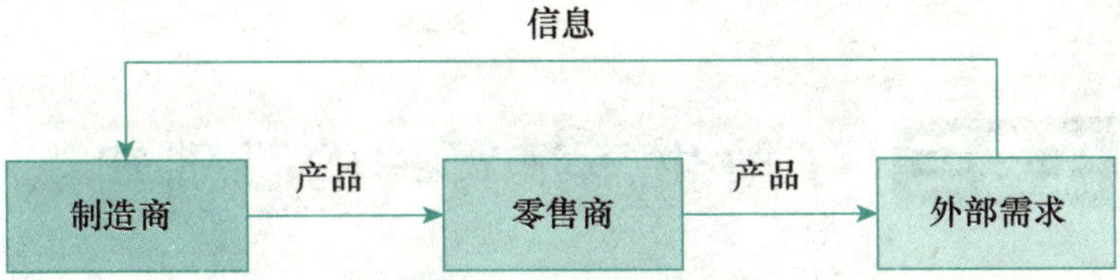

图 1-3　拉式供应链

表 1-1　推式供应链和拉式供应链的优缺点

项目	推式供应链	拉式供应链
驱动力量	制造商	客户需求
需求变化	稳定且不会有剧烈波动	大且几乎难以预测
提前预测期	长（以年、季度为单位）	短（以月、周为单位）
集成度	高（生产计划刚性）	较低（生产计划柔性）
缓冲库存	大（牛鞭效应明显）	小（按订单生产和交付）
响应速度	慢（很难根据需求进行调整）	快（可以按需求进行调整）
关注对象	资源配置（规模效应明显）	快速响应（规模效应低）
数据共享	差	好且快速
服务水平	不高（不允许个性化需求）	高（允许个性化定制）
供应链风险	较低	较高（容易发生供应链断裂）

（三）推-拉混合式供应链

推-拉混合式供应链结合了推式和拉式供应链的优点，扬长避短，既可以为客户提供定制化产品和服务，又可以实现规模经济。其模式如图 1-4 所示。

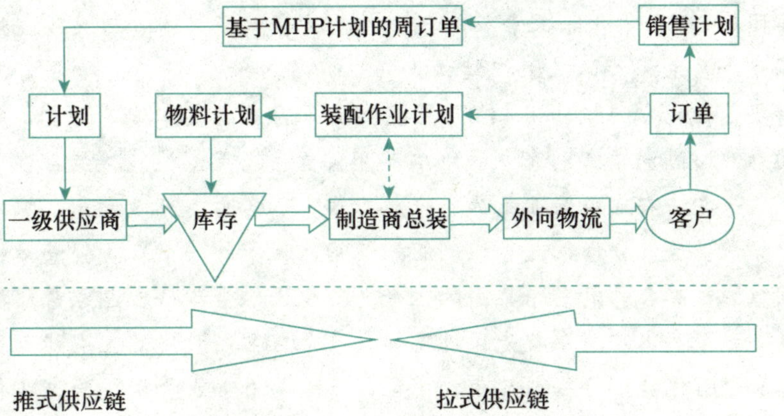

图 1-4　推-拉混合式供应链

供应链的类型-1

供应链的类型-2

任务三 了解供应链管理的基础知识

案例导入

海尔物流——规模化与平台化的结合

海尔集团作为中国家电制造业的领导者，其物流系统最重要的特征是“一流三网”，“一流”是指订单信息流；“三网”分别是全球供应链资源网络、全球用户资源网络和电脑信息网络。其中订单信息流是中心，全球供应链资源网络、全球用户资源网络和电脑信息网络为订单信息流提供物质支持。但要做到以订单信息流为中心，海尔还必须拥有一套能使订单信息流迅速、准确流动的组织结构，才能使传统工业时代的“推式”生产模式转变为现代新兴的“拉式”生产模式。流程改造前的管理机构包括基层、底层和中层，每个层级的反馈信息需要层层上报，然后由顶端下达指令。

海尔集团从 2005 年开始探索人单合一双赢的管理模式。具体来说，海尔把所有员工分成两千个自主经营体，组织结构由正三角变为倒三角，一线员工直接面对用户，并拥有决策权、分配权和用人权。自主经营体存在的生命线是订单，如果能利用集团提供的资源通过竞争拿到客户的订单，那么自主经营体就能持续存在下去，反之就会消失。这一做法在宏观层面上为整个组织注入了活力。可以看出，海尔是将各业务部门进行分散整合，分散的是等级制组织结构，赋予每一个自主经营体响应市场和做出决策的权力；整合的是整个集团的生产支持能力，为各个自主经营体提供生产及其他支持服务。事实上，海尔首先通过发挥每一个自主经营体的主观能动性，使整个组织可以像一个有机体那样去适应市场变化；其次利用企业资源，为这些自主经营体提供平台化的支持服务。

海尔集团在这样的管理模式下做到了以订单信息流为中心。集团与各个自主经营体的关系实际上就是支持平台与参与者的关系，它们之间的联系就是订单信息流。物流服务是平台为参与者提供的支持服务之一。

这种统一的平台式物流服务至少为海尔带来了“三个 JIT”，分别是 JIT 采购、JIT 送料和 JIT 配送。

采购事业部将整个集团的采购业务进行集中，实现规模化和全球化的运营，使得采购价格大幅下降，加之BBP（B2B Procurement）系统提供的订单信息流精确引导，使得整个采购活动能够实现JIT。原材料采购完成后，由物流配送部门按照“五定送料”的JIT物料配送模式进行配送。“五定”就是“定单”、“定点”、“定时”、“定量”和“定人”。在这一环节，订单信息流仍然是物流中心决策的基础，海尔每天根据ERP系统中的生产订单要求以及工位库存的实际消耗情况，通过计算机系统自动产生材料配送申请清单，并在4小时内完成配料，即“JIT送料”。

海尔通过整合配送网络的方式来实现针对客户的JIT配送。海尔集团的物流网随着产品销售网络的扩大而不断延伸，经过多年的发展，海尔集团已拥有全国网络化的配送体系，海尔的物流配送中心已覆盖全国所有区域，拥有300多万平方米的仓储资源，与300多家运输公司建立了紧密的合作关系；青岛总部物流中心自有运输车辆800余辆，全国可调配车辆达1.6万辆。海尔物流拥有完善的成品分拨物流体系、返回物流体系和备件配送体系，可以做到物流中心城市6～8小时配送到位，区域配送24小时到位，全国主干线分拨配送平均3.5天，形成了全国最大的企业分拨物流体系。此外，海尔青岛物流中心还可代理铁路运输、航空运输、远洋运输等业务，具备综合物流服务能力，大规模、全方位的服务可使海尔物流的成本远远低于市场运输价格。特别是铁路运输方面，海尔物流与铁路部门有长期合作的良好关系，拥有优先发货权。

海尔物流的“三个JIT”离不开背后的组织管理模式，这种扁平化、平台化的组织管理模式是海尔能够迅速对市场做出反应的前提，海尔的“以订单信息流为中心”也正是以这种组织管理模式为基础的。同时，集团范围内的订单流整合，使得海尔的原材料采购、在制品配料以及产品配送实现了规模化经营，物流成本在整体上大大降低。这种规模化和平台化相结合的特征，是海尔集团作为一家传统制造企业在信息时代面临千变万化的市场信息所做的主动调整，在宏观层面上恰好反映了工业企业在工业时代和信息时代交织的背景下所做出的现实选择。

资料来源：佚名. 海尔物流整体方案.（2019-10-14）[2021-05-01]. https://www.sohu.com/a/347029209_99948497.

案例思考：

1. 海尔集团是如何打造物流系统的？
2. 结合该案例，你是如何看待供应链管理在企业经营管理中的作用的？

一、供应链管理的概念

所谓供应链管理，就是以满足顾客的需求为目的，在从原材料到最终产品的过程中，为了实现有效的物资运输和储存，以及获取高质量的服务和有效的相关信息所做的计划、操作和控制。它是一种集成的管理思想和方法，执行供应链中从供应商到最终用户的物流的计划与控制等

供应链概述

职能。它是一种管理策略，主张把不同企业集成起来以提高供应链的效率，注重企业之间的合作，它把供应链视为一个不可分割的整体，将供应链上各个企业分担的采购、分销和销售等职能集成为一个协调发展的有机体。

供应链管理的范围包括从最初的原材料直到最终产品到达顾客手中的全过程，管理对象是在此过程中所有与物资流动及信息流动有关的活动及其相互之间的关系。

供应链管理的概念及特点

二、供应链管理的目标

供应链管理的目标是通过调和总成本最低化、客户服务最优化、总库存成本最小化、总周期时间最短化以及物流质量最优化等目标之间的冲突，实现供应链绩效最大化。

（一）供应链总成本最低化

供应链成本包括采购成本、运输成本、库存成本、制造成本以及供应链物流的其他成本。为了实现有效的供应链管理，必须将供应链各成员企业作为一个有机整体来考虑，并使实体供应物流、制造装配物流与实体分销物流之间达到高度协调。所以，总成本最低，并不是指运输费用或库存成本或其他任何供应链物流运作与管理活动的成本最低，而是指整个供应链运作与管理的所有成本的总和最低。

供应链管理的流程及目标

（二）客户服务最优化

在激烈的市场竞争时代，许多企业都能在价格、特色和质量等方面提供类似的产品，因此，差异化的客户服务能带给企业独特的竞争优势。当前的每一个行业，从计算机、服装到汽车，消费者都有广泛而多样的选择余地，供应链管理的目标就是通过整合资源，最大限度地满足消费者不断变化的需求，从而提高客户满意度。

（三）总库存成本最小化

传统的管理思想认为，库存是维系生产与销售的必要措施，因而企业与其上下游企业在不同的市场环境下，库存是不可避免的。而现代供应链管理认为，任何库存都是浪费，库存可以通过有效的供应链预测、管理、控制来最小化，甚至可以使库存为零。

（四）总周期时间最短化

当今的市场竞争不再是单个企业之间的竞争，而是供应链与供应链之间的竞争。从某种意义上说，供应链之间的竞争实质上是时间的竞争，即必须快速有效地对客户的要求做出反应，最大限度地缩短从客户发出订单到满意交货的整个供应链的总周期时间。

（五）物流质量最优化

企业产品或服务质量的好坏直接关系到企业的成败，供应链企业服务质量的好坏也直接关系到供应链的存亡。如果在所有业务过程完成以后，发现提供给最终客户的产品或服务存在质量缺陷，供应链的所有业务活动都会变为非增值活动，从而导致整个供应链的价值无法实现。因此，保持服务质量的水平也是供应链管理的重要目标。而这一目标的实现必须从原材料、零部件供应的零缺陷开始，直至供应链管理全过程、全方位质量的最优化。

三、供应链管理的运作机制

供应链管理通过供应链合作机制、决策机制、激励机制和自律机制等来实现满足顾客需求、使顾客满意以及留住顾客等功能目标，从而实现供应链管理的最终目标，如图 1-5 所示。

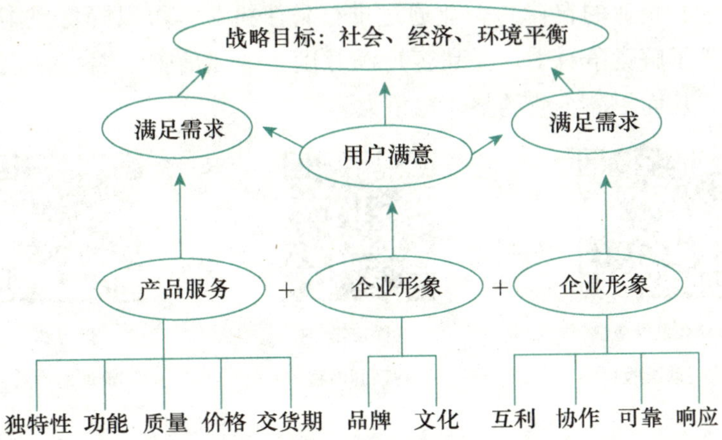

图 1-5　供应链管理目标的实现过程

（一）合作机制

合作机制是指上下游企业之间互相合作和信任，供需双方在产品质量、组合、每次的生产时间和数量、发货的密度、订单的提前期等各个方面都要达成共识。例如，零售商希望每个订单进小批量的产品，待需求上升，才匆忙补货；而对生产商来说，小批量生产模式面临着高成本的经济生产批量问题，双方如能精诚合作，便可共同找到平衡的订单批量，实现双赢。企业通过共享信息，集体决策，以及在工作流程上高度集成，可实现生产和流通的均衡化和同步化，以及时间和成本上的最优化。具体而言，供应链上的各成员需要互相了解彼此的生产程序和能力、经营计划和措施，并互相信任和配合。

（二）决策机制

由于供应链企业决策信息的来源不再仅限于企业内部，而是在开放的信息网络环境下，不断进行信息交换和共享，达到供应链企业同步化、集成化计划与控制的目的，并且随着互联网的发展而成为新的企业决策支持系统，企业的决策模式将会产生很大的变化，因此，处于供应链中的任何企业的决策模式都应该是基于互联网的开放性信息环境下的决策模式。

（三）激励机制

要有效地协调和调动供应链上下游企业的积极性，必须建立、健全业绩评价和激励机制，以推动企业管理工作不断完善和提高，同时使供应链管理能够沿着正确的轨道与方向发展，真正成为企业管理者乐于接受和实践的新的管理模式。

（四）自律机制

自律机制要求供应链企业向行业的领头企业或最具竞争力的竞争对手看齐，不断对产品、服务和供应链业绩进行评价，并不断改进，以使企业能保持自己的竞争力和持续发展。自律机制主要包括企业内部的自律、对比竞争对手的自律、对比同行企业的自律和对比领头企业的自律。企业通过推行自律机制，可以降低成本，增加利润和销售量，更好地了解竞争对手，提高客户满意度，增加信誉，缩小企业内部各部门之间的业绩差距，从而提高企业的整体竞争力。

什么是供应链（动画版）　　供应链管理的内容　　供应链管理的作用

思考练习

1. 什么是供应链？供应链分为哪些类型？
2. 什么是供应链管理？其形成动因是什么？
3. 供应链管理的目标是什么？
4. 供应链管理的运作机制有哪些？
5. 与供应链管理模式相比，传统管理模式有哪些缺陷？
6. 研究与应用供应链管理理论对我国企业有何现实意义？

技能训练

利丰公司的供应链管理

利丰集团是一家以香港为基地的跨国商贸集团，于 1906 年在广州成立，是中国当年首批从事对外贸易的华资公司之一，打破了当时外国洋行对中国对外贸易的垄断。利丰集团运用供应链治理的概念经营出口贸易、经销及零售三项核心业务，迄今已有百余年历史。

从1906年至今，利丰贸易的业务角色经历了从简单的采购代理到全球性的供应链治理者的演变。在业务角色经历演变的同时，利丰贸易为客户提供的增值服务日益增加，利丰贸易创造的附加值也不断增长。

采购代理

利丰贸易初成立的时候，它只是充当客户和供货商之间买卖的中介人角色，由于利丰的创办人通晓英文，利丰贸易成了国内厂家与海外买家之间的桥梁。之后，利丰贸易逐渐把简单的采购代理扩展到了其他更广泛的业务。

采购公司

第一阶段，利丰贸易作为一家采购公司，扮演的是地区性的货源代理商的角色，通过在亚洲的不同地区，如中国、韩国和新加坡开设办事处来拓展业务。除了时时提供市场最新信息给买家，利丰贸易所提供的服务亦包括了对不同的厂家做出产品、生产力及质量方面的评估，然后向买家推荐适合的厂家及供货商，利丰贸易亦代表买家向厂家商讨价钱及做品质的治理工作，使他们能够以合理的价钱采购到所需的产品。此外，利丰贸易还协助工厂进行生产治理以及帮助买家监控工厂在劳工法例、生产环境及环保方面的工作以保证他们符合国际的要求和标准。总而言之，作为一家采购公司，利丰贸易主要的目标是希望能够建立起厂家及买家长期的伙伴关系从而达到双赢的局面。

无疆界生产

除了经营采购业务，利丰于20世纪80年代也向前迈进了一步，成为无疆界生产计划的治理者与实施者。客户会向利丰提出一个初步的产品概念，例如产品的设计、外形、颜色和质量方面的要求等，再由利丰为客户制订一个完整的生产计划，根据客户市场及设计部门所提出的草案，利丰会进行市场调查，在各地采购合适的配件，例如布料、花边等，并提供一个最合适的成品制造商。在生产过程中，利丰亦会对生产工序进行规划及监控以确保产品质量和及时交货。

在这种无疆界生产模式之下，利丰在香港从事如设计和质量控制规划等高附加值的业务，而将附加值较低的业务，如生产工序分配到其他最合适的地方，使整个生产程序及流程实现真正的全球化。

虚拟生产

在推行无疆界生产计划及治理的基础上，利丰又发展了另外一个业务模式，称为虚拟生产。在这种模式之下，利丰不再是一个中介人或代理采购者，而是客户的供货商，直接和海外买家签订合同，利丰依旧不拥有工厂，会把生产任务外判给有实力的工厂，而利丰负责统筹并密切参与整个生产流程，从事一切产品设计、采购、生产治理与控制以及物流与航运等其他支持性的工作。

整体供应链治理

虚拟生产企业实际上已经是某个产品全面的供应链治理者。在虚拟生产模式的基础上，为了使整条供应链的运作更加合理与顺畅，利丰贸易继续开发更全面的供应链服务。除了负责一系列以产品为中心的工作，如市场调查、产品设计与开发、原材料采购、选择供货商和生产监控，利丰贸易还监管一系列的进出口清关手续和当地物流安排，包括办理进出口文件、办理清关手续、安排出口运输和当地运输等。另外，利丰贸易亦会选择性地对有潜质的原材料供货商、工厂、批发入口商和零售商等进行挑选。这些在供应链中占据要害位置的企业可以进行融资，使供应链上供求双方的各个节点的企业能够以最佳状态运作。事实上，在整体供应链的规划上，利丰贸易会对整条供应链进行进一步分解，对每个环节进行分析与规划，如制订策略性的库存安排和库存补充等方案，力求不断优化供应链的运作。简单来说，利丰贸易供应链治理的主要目的是为境外买家以合理的价格采购合适的产品并缩短交付周期。可以说利丰贸易供应链的原动力来自客户的订单，根据客户的需求，利丰贸易为每一份订单都创造一条最有效益的供应链，为客户提供具有成本竞争力的产品。

在不断的发展及演进之下，利丰贸易至今已经发展成为一个全球商贸供应链的治理者，其网络已遍布全球 40 多个国家和地区，设有 350 多个分公司和办事处。如今利丰贸易的客户中不乏欧美闻名的品牌，如金宝贝（Gymboree）、阿贝克隆比·费奇（Abercrombie & Fitch）、玩具“反”斗城、华特迪士尼、科尔士（Kohl's）、雅芳（Avon）、锐步（Reebok）、可口可乐、埃斯普利特（Esprit）、德本汉姆（Debenhams）等。部分客户如可口可乐和华特迪士尼都把其旗下部分采购业务外判给利丰贸易，这种做法体现了企业把非核心业务外判给专业产品公司的供应链治理理念，使企业可以专注发展其核心业务，提升本身的竞争力。

资料来源：佚名．利丰公司的供应链管理．（2019-11-15）[2021-05-01]. https://wenku.baidu.com/view/31dd64f178563c1ec5da50e2524de518974bd333.html.

一、实训名称

供应链的认知实训。

二、实训目标

通过案例，了解供应链的基本内容和供应链的结构。

三、实训内容

1. 画出利丰的供应链结构图。
2. 分析利丰供应链的特点。
3. 思考如何更好地优化利丰供应链。

项目二

供应链战略管理认知

知识目标

1. 掌握供应链战略的定义
2. 了解供应链管理的主要战略
3. 熟悉供应链战略的决策过程
4. 掌握核心竞争力的概念
5. 熟悉供应链业务外包的概念和优越性

技能目标

1. 能够分析企业的核心竞争力
2. 能够认识企业的供应链战略目标
3. 能够进行供应链战略的制定

任务一 供应链战略认知

案例导入

全球“缺芯”警示：提升产业链供应链自主可控能力

近日，车载芯片短缺已导致国内外汽车产商减产或停产，预计短期内供应状况难以明显改善。受过去几年单边主义影响和新冠肺炎疫情冲击，全球范围内产业链供应链运转较为脆弱，供给端的冲击正在释放。“十四五”规划纲要提出，提升产业链供应链现代化水平，完善产业链供应链保障机制。当前宜加大统筹，科学调度产业链供应链关键材料和关键环节，在有效打通堵点和疏通痛点的基础上，努力补上断点，确保我国产业链供应链高效运转。

伴随着国际分工的深化和全球化进程的加快，全球范围内资源配置效率不断提升，社会化生产日益扩大，显著增进了全人类福祉。但过去几年，个别国家逆全球化行事，鼓吹单边主义，使全球化进程放慢，商品和技术交流受阻，对全球范围内产业链供应链的正常运转造成了冲击。而突如其来的新冠肺炎疫情，又加剧了产业链供应链运转的脆弱性。事实上，由此引发的供给端冲击，正推动国际大宗商品价格明显上涨。虽然普遍预期供给端冲击时间非常有限，特别是全球范围内疫苗接种覆盖面加速扩大，生产端的恢复将平抑波动，但短期冲击引发的断点，也可能会产生脉冲效应，增加相关产业链和供应链恢复的难度与成本，值得高度警惕。据报道，日前蔚来汽车因芯片短缺将暂停生产5天，福特、通用、本田和大众等国际汽车企业也都因芯片短缺遭遇停产冲击。手机制造等诸多行业，也都不同程度地受到了芯片问题的影响。

从目前来看，由芯片和原材料供应短缺引发的断点问题，需要科学统筹调度，近期关键是要想方设法连上断点，中远期要打基础确保补上断点。针对当前供应短缺问题，特别是在关键原材料供应、关键环节接续方面，需要科学统筹挖掘存量供应和现有资源潜力，避免各自为战、以邻为壑和恶性竞争，努力减少产业链上下游企业为防范断供风险而增库存，进一步加剧市场供应紧张的状况。中远期要加强长远战略布局和规划，加强核心技术攻关，完善技术标准规范，提高测试验证能力，打造合理产业集群，提升产业链供应链自主可控水平。以芯片为例，我国芯片设计能力与发达国家接近，但在生产设备、芯片制造、原材料和设计软件等方面还存在较大差距，有必要加快国产化替代进程，推动国产品牌芯片导入，同步实施关键核心技术攻关工程，尽快解决一批“卡脖子”问题。

值得注意的是，当前全球范围内供应端的冲击，主要还是由疫情引发的，再加上近年来个别国家单边主义的影响，长期供需关系总体相对稳定增长。当前要防止各地为发展经济，不顾实际一拥而上发展芯片等高科技产业，盲目招商引资芯片链条相关高科技产业，以免引发重复投资、资源浪费和产能过剩等问题，附加带来巨额不良金融资产。此外，还要严厉打击市场囤积牟利行为，合理调度供应，防止供应端冲击出现外溢和累积。

应该说，全球产业链供应链运转出现断点是暂时的，但无疑为我们敲响了警钟——我国要加快提升产业链供应链自主可控能力。

资料来源：经济参考报. 全球“缺芯”警示：提升产业链供应链自主可控能力.（2021-04-01）[2021-05-01]. http://www.chinawuliu.com.cn/zixun/202104/01/545151.shtml.

案例思考：

1. 什么是供应链战略？
2. 我国企业应如何加快提升芯片产业链？

供应链管理经过几年的发展，现已在发达国家的企业中得到了较为成功的应用，而且随着人们对供应链管理认识的不断深入，人们逐渐意识到，要想进一步发挥供应链管理的潜在作用，就应该将供应链管理作为企业的战略性问题来考虑，而不能仅仅将其看作一种操作方法。

一、供应链战略的定义

供应链战略是指企业高层通过关注整个供应链并实施供应链管理，从成本、质量、时间、服务、柔性等方面建立企业与企业之间的有效合作，以及降低成本、提高效率、改善响应、提高敏捷度的企业经营机制，以加快企业产品进入市场的速度，实现产品或服务在企业内部和整个供应链活动中的过程增值，从而提升企业乃至整个供应链在产业中的竞争优势。

供应链战略突破了一般战略规划仅仅关注企业本身的局限，通过在整个供应链上进行规划，实现为企业获取竞争优势的目的。供应链战略管理所关注的重点不是企业向顾客提供的产品或服务本身给企业带来的竞争优势，而是产品或服务在企业内部和整个供应链中运动的流程所创造的市场价值给企业带来的竞争优势。

供应链管理不是一种单纯的对生产和供应进行优化的方法，而是需要从战略层面来考虑的一个重要问题。供应链管理是对传统的企业内部各业务部门间以及企业之间的职能从整个供应链的角度进行系统的、战略性的协调，目的是提高供应链以及每个企业的长期绩效。企业必须从战略上重视供应链管理，并对其进行战略上的长远规划。

二、供应链管理的主要战略

供应链管理认知-1

（一）竞争战略

市场经济的本质是竞争，核心竞争力是持续竞争优势的源泉。对供应链管理来说，必须加强企业特别是核心企业的核心竞争力的培养。要培养企业的核心竞争力，就要集中企业资源从事某一领域的专业化经营，在这一过程中逐步形成自己在经营管理、技术、产品、销售、服务等诸多方面与同行的差异，从而逐步形成自己独特的可以为消费者带来特殊效用的技术、方式、方法等，而这些有可能是构成今后企业核心竞争力的要素。

一方面，随着 IT 技术的发展，企业面临的竞争是以全球市场为平台的竞争。而且，现在信息传递无障碍、无时滞，使响应时间成为十分重要的竞争要素。另一方面，企业面临着资源获取难度加大的问题，以及社会利益的压力。例如：环保要求，客户在产品的个性化、及时化和便利化等方面的消费需求变化等一系列问题，对企业供应链管理提出了更高的要求。供应链管理必须建立一个具有快速反应能力和以客户需求为基础的系统，以充分体现信息技术在供应链各环节中的作用，提高供应链的效率，从而降低整个供应链的物资储备、产品库存等方面的成本，满足客户的各种需求。

供应链管理认知-2

（二）协调战略

1. 关系协调

供应链上各企业通过建立互信互利的伙伴关系，在合作的不同阶段，采取不同的措施实现彼此关系的协调。供应链上各企业由于制度、规模、所在地域不同等原因，在经营思想、价值观念、工作风格、管理方式等方面也存在差异。因此，供应链上各企业需要相互认同，以增强彼此之间的亲和度，有效地消除各种摩擦。

2. 利益协调

对供应链上的企业来说，利益是共同创造且必须合理分配的，但企业间也存在着利益冲突，有意或无意地损害着供应链整体价值的创造。供应链管理要以效率优先、兼顾公平为原则，以供应链整体价值的创造和合理分配为核心，构建供应链的利益共同体。

3. 信息协调

电子数据交换技术与国际互联网的应用，使供应链效率的提高更多地取决于信息管理技术水平。信息技术不仅改变着企业内部的业务流程和组织管理流程，而且改变着企业间的联系。因此，应当建立基于供应链管理的信息共享系统。通过共享信息，使供应链上的企业及时做出或调整它们的生产经营策略，实现链上企业现有资源的高效整合、优化配置，实现其价值最大化。

4. 运作协调

为了增加企业间的了解，加强企业的相互合作，应该组织供应链企业进行定期集中交流。其交流的方式可以是建立供需协调小组并开展活动，供需协调小组在必要时做一些组织协调工作。

（三）文化战略

供应链上各成员的合作需要以共同的文化理念为支撑。供应链文化是指供应链企业在长期交往中逐渐形成的共同信念，包括价值观、经营哲学、道德准则、管理制度、员工心态以及由此表现出来的企业共同的风范和精神。它所倡导的信任与合作精神、商业理念和行为规范、积极创新和奋发向上的事业态度，是供应链运行机制的文化基础。因此，要对供应链中各节点企业的文化进行系统整合，增强它们之间的亲和度，以便有效地消除供应链中各种文化之间的摩擦以及由此导致的系统内耗。

三、供应链管理的战略定位

供应链战略管理认知

（一）核心企业制定供应链战略

企业供应链的构建必须符合核心企业的战略要求，因为供应链管理强调合作企业整体最优，而整体最优的标准由核心企业制定。链内企业的选择标准就是看是否符合核心企业的战略，链内的信息控制、物流规划、资金流动都要在核心企业总体战略指导下设计。

当核心企业决定采用供应链管理的思想、方法进行管理再造时，应根据自身的核心能力制定供应链战略。首先分析企业的战略自由度，然后分析企业的核心能力，并以此为基础制定供应链战略，供应链战略要以企业总体战略与核心能力分析为前提。一般而言，供应链的战略意图主要有三种：降低成本、快速响应及柔性生产。企业应根据内、外部的环境分析，把握供应链的优势和劣势，选择适宜的供应链战略，然后以此为基础制定长期和短期目标，建立供应链的绩效评价体系。

（二）非核心企业参与供应链战略制定

非核心企业由于在规模、管理、市场控制能力等方面的劣势，以自身为主建设供应链的可能性很小，在选择战略投资的供应链时，企业至少应考虑下列问题：

（1）供应链战略是否与本企业品牌战略一致；

（2）最终产品处于产品生命周期哪个阶段；

（3）企业实施供应链战略的进入与退出成本；

（4）供应链内的信用机制是否建立；

（5）合理的支付方式与货物运输方式能否确立；

（6）信息如何沟通；

（7）采用怎样的电子订货系统；

（8）可否获得最终产品的销售信息等；

（9）物流与配送特别是柔性化生产的产品配送能否满足要求；

（10）是否有效和经济；

（11）供应链的稳定性如何。

四、供应链战略决策的过程

成功的供应链管理需要制定与信息、物料和资金流动相关的各种决策，这些决策根据其频度和影响的时间跨度可分为三个阶段。

（一）供应链设计

在这个阶段，公司决定如何构造供应链、供应链的配置，以及供应链的每个环节（组织）执行什么样的流程。公司的战略决策包括生产和仓储设施的位置和能力、在各个地点制造或存放的产品、根据不同交货行程采用的不同运输模式，以及将要使用的信息系统的类型。

供应链的设计

（二）供应链计划

在供应链配置确定之后，公司需要制订相应的供应链计划，即要制定一整套控制短期运作的运营政策，这一阶段的决策必须满足既定战略供应链配置的要求。计划从预测来年（或时间跨度为三个月到一年）的市场需求开始，包括决定哪个地点供应哪些市场、计划库存是多少、是否外协制造、补货和库存政策、备货点设定（以防缺货）以及促销时间和规模等有关政策。

（三）供应链运作

这一阶段，公司根据既定的供应链计划做出具体实现客户订单的有关决策，其目的是以尽可能好的方式实施供应链计划。在这一阶段，公司的工作主要包括：分派订单给库存或生产部门、设定订单完成日期、生成仓库提货清单、指定订单交付模式、设定交货时间表和发出补货订单。由于供应链运作是短期决策，通常需求的不确定性较小，因此，运作决策要利用这种不确定性因素的减少，使供应链在配置和计划政策的约束下取得最佳运作效果。

任务二 核心竞争力认知

案例导入

未来十年，汽车物流企业核心竞争力和竞争维度在哪里

一、汽车物流市场环境

2018 年中国汽车销量 2 808 万台，其中乘用车 2 371 万台，双双出现近 20 年来首次销量下滑，我们已不能再迷信机构根据发达国家千人保有量对中国汽车销量的乐观预测，各大车企相继成立出行公司和共享汽车推广应用已经是大势所趋，中国汽车消费市场出现饱和，未来国内汽车消费市场不容乐观。

国内汽车整车物流一手业务产值为 1 500～2 000 亿元，其中约 70%的业务由主机厂关联物流企业总包，剩下 30%为众多物流商通过激烈投标争夺的自由份额。2018 年全社会物流总费用为 13.3 万亿元，可见汽车物流领域开放度有限，跟快递、快运相比市场规模很小。这就很容易解释为什么 2018 年没有资本、投融资、并购进入整车物流领域，资本的逐利性和敏锐性注定不会热衷于没有想象力的低速市场。

行业增量市场有限，头部企业上汽安吉物流、一汽物流、长安民生物流、长久物流2018年业务量基本与2017年持平。2019年至今汽车消费市场一落千丈，整车物流行业十分惨淡，加上2018年全行业更新合规装备的资金成本压力因素，汽车物流企业面临严峻挑战。如何在同质化的恶劣竞争中生存，就需要强身健体练本领，打造核心竞争力和选择新的竞争赛道。

二、汽车物流企业核心竞争力

汽车物流是典型的to B（面向企业）传统合同物流，要想成为主机厂合作的直接供应商，跨入行业食物链顶层，以下核心能力不能缺少。

1. 专业解决方案

汽车物流企业首先是本专业细分物流领域玩家，积累了车辆通关、仓储、公水铁运输、出厂前检查（PDI）运作经验，有完善的作业流程，通过整合行业资源为主机厂提供专业服务。很多人认为做个公司简介＋堆砌成功案例＋报价就可以作为方案，但这没有任何专业性，客户需要的是定制方案（Customized Solution）。

2. IT能力

未来的物流服务更加注重服务与体验，物流过程的透明性和可视化是必然趋势。所以信息服务已经从支撑物流企业内部管理渗透到直接为客户提供服务，IT服务与仓储、运输、PDI等服务并列成为汽车物流企业提供的基本服务。汽车物流企业IT基本架构，应拥有支撑内部业务的订单管理系统（OMS）、运输管理系统（TMS）、仓储管理系统（WMS）、柔性制造系统（FMS）、计费管理系统（BMS）或者其他ERP系统，对外提供系统对接EDI服务和可视化查询服务。对内部运营来说，IT有助于用系统固化流程，协同工作，提升效率，减少成本，精益管理，以及防腐败。在业务模式创新方面，IT可以实施流程再造和优化。物流企业规模做大以后，IT可以实施资源支撑和总部管控，保持服务质量统一和稳定，让管理变得有秩序。对外来说，物流过程透明可视，具备满足甲方的IT服务能力。

3. 团队与人才

主机厂选择物流商，十分关注供应商团队的稳定性、经营理念、人员专业性和作业技能。作为综合物流商，人才需求越来越多样且越来越专业，只有专业的人才能做专业的事情，必须配备战略、解决方案、运营管理、金融、安全、保险、IT、外语等方面的复合人才组成的团队。人才储备不到位，缺少适岗人才，就无法在竞争中进行战略调整、发展新业务。

4. 服务与品质

物流商要在提供标准化的专业服务的基础上叠加客户定制化需求，客户已经不满足于简单达成关键绩效指标（KPI），越来越多的客户要求物流商提供增值服务和创新性的改善方案。整车业务模式简单，提供单一运输模式服务已经无法生存。当前服务呈现同质化，提供差异化的增值服务是提升核心竞争力的新思路。

资料来源：中国物流与采购网. 未来十年，汽车物流企业核心竞争力和竞争维度在哪里.(2019-04-10)[2020-05-01]. http://www.chinawuliu.com.cn/xsyj/201904/10/339785.shtml.

案例思考：

1. 什么是核心竞争力？
2. 汽车物流企业如何提高核心竞争力？

一、核心竞争力的概念

1990年，美国密歇根大学商学院教授普拉哈拉德和伦敦商学院教授哈默尔在《哈佛商业评论》上发表了论文《企业核心竞争力》，正式提出了企业核心竞争力的概念。他们认为："核心竞争力是某一组织内部经过整合的知识和技能，尤其是关于怎样协调多种生产技能和整合不同技术的知识和技能。"

麦肯锡咨询公司认为：核心竞争力可表述为，某一组织内部一系列互补的技能和知识的结合，它具有使一项或多项业务达到竞争领域一流水平的能力。

国内物流专家马士华认为：核心竞争力是指企业（或企业集团）在竞争中获取、配置关键资源，使企业形成并保持长期稳定的可持续竞争优势及稳定的超额利润的能力。比如，快递业是一种普通的服务业，但美国联邦快递却能长期独占鳌头。联邦快递的三项技术并不神秘，即数字规划、条码技术、小型邮件包裹，但它们组合在一起就难以模仿了。

在本质上，企业是一个能力集合体，企业拥有的核心能力是企业长期竞争优势的源泉，积极培育和运用核心能力是企业的长期根本性战略。在信息经济时代，任何企业单是依靠某一项或某几项职能战略（如企业的市场战略、产品战略、技术战略等），最多只能获得一时的优势，唯有追求核心能力才是企业永久立于不败之地的根本性战略。培育企业的核心能力，需要企业不断地进行知识技能的学习和积累、技术体系的完善、组织管理体系的建设等。

二、核心竞争力的特征

对不同行业的企业来说，核心竞争力是不同的，哪怕是同一个行业的企业，也有各自的核心竞争力，但是企业的核心竞争力也具备一些共同的特性。

（一）独特性

核心竞争力与企业的组织结构高度融合，是建立在企业内部长期学习、经验积累的基础上的专长，稳定性较强，是独一无二的。

（二）整体性

核心竞争力是一个系统不可分割的整体，只有构成核心竞争力的所有基本要素协同运作，相互配合，才有可能形成核心竞争力。

（三）持久性

核心竞争力是企业在长期生产经营实践活动过程中，以特定方式、沿着特定的技术轨迹，由小到大，通过学习、消化、吸收、合成，逐步积累整合形成的维护企业竞争优势的持续性能力，且能不断开发和维护。

（四）延展性

在企业能力体系中，核心竞争力是母体，是核心，有溢出效应，企业可围绕核心能力进行相关市场的拓展，通过创新获取该市场领域的持续竞争优势。

（五）价值性

企业依靠核心竞争力可以在提高企业效率、降低成本和创造价值等方面比竞争对手做得更好，同时也能给企业的目标顾客带来独特的价值和利益。

（六）难以模仿性

核心竞争力难以与企业分离，是企业技术特性与组织特性的复合体，难以被当前或潜在的竞争对手所了解、冒牌、仿制或获取。

三、企业核心竞争力的构建与维护

（一）构建企业核心竞争力

构建企业核心竞争力，就是要将潜在的核心能力转化成现实的核心能力。核心竞争力作为企业能力中最根本的能量，是企业成长最有力、最主要的驱动力，也是企业竞争优势的源泉。因此，开发核心竞争力首先要明确战略意图。核心竞争力突出体现着企业的战略意图，企业在全面、深入地分析市场未来发展趋势的基础上，通过特定的发展战略形式的拟定，确定企业的战略目标，明确企业核心能力的技术内涵，以及如何将核心竞争力转化为核心产品。其次，建立合理的战略结构。企业根据既定的战略意图，协调管理人员的工作，优化配置企业的各种资源，设立相应的协作组织，平衡内部资源的分配，同时更有效地吸收企业外部的可用资源。再次，进行战略实施。企业根据既定的战略意图和战略结构，具体组织开发核心竞争力，对开发进行实时控制。

（二）维护和巩固企业核心竞争力

核心竞争力是通过长期的发展和强化建立起来的，核心能力的丧失将会给企业带来无法估量的损失。企业必须通过持续、稳定地支持、维护和巩固企业的核心竞争力，确保企业核心竞争力的健康成长。

1. 实施企业战略管理

从时间角度看，培育核心竞争力不是一日之功，它必须不断提炼升华才能形成。

企业要通过对本行业的专注和持续投入，精心培育核心竞争力，把它作为企业的根本战略任务。

2. 加强组织管理体系的建设

客观来说，随着时间的推移，企业核心能力可能会演化为一般能力。这就要求企业安排专职管理队伍全面负责，加强各部门沟通，将各种分散的人力和技术资源组织起来，协同工作，形成整体优势；定期召开企业核心竞争力评价会，保持企业核心竞争力的均衡性。

3. 培育信息体系

企业在整个生产经营过程中，会不断收到来自企业内外的各种信息。信息作为重要的战略资源，其开发与利用已成为企业竞争力的关键标志。企业更多、更早地获取信息，并在组织内部准确、迅速地传递和处理信息，是巩固企业核心竞争力的基本条件。

4. 学习和积累知识技能

在企业核心竞争力的维护和巩固上，企业员工的个人知识技能、整体素质与知识技能结构尤为重要。企业要通过各渠道培训员工技能，积累企业的技术和管理经验，在市场竞争中建立起自己的优势。

任务三 供应链业务外包

案例导入

商务部服贸司负责人谈2020年1～4月我国服务外包产业发展情况

2020年1～4月，我国企业承接服务外包合同额3 743.9亿元人民币（币种下同），同比下降6%，执行额2 476.5亿元，同比增长10.6%。其中，承接离岸服务外包合同额2 309.7亿元，同比下降10.3%，执行额1 491.7亿元，同比增长10.4%（以美元计算，承接服务外包合同额545.8亿美元，同比下降8.6%，执行额361.7亿美元，同比增长8.9%，其中承接离岸服务外包合同额335.8亿美元，同比下降13%，执行额218.1亿美元，同比增长8.9%）。

从结构来看，新兴数字化业务和生物医药研发服务增长较快。1～4月我国企业承接离岸信息技术外包（ITO）执行额623.6亿元，同比下降0.3%，承接业务流程外包（BPO）、知识流程外包（KPO）执行额分别为298亿元、570.1亿元，同比分别增长 19.5%和 19.6%。ITO 中的云计算服务、信息技术解决方案服务、人工智能服务等新兴数字化服务离岸执行额同比分别增长 179.1%、189.2%和 423.4%；受抗疫需求拉动，KPO 中的医药和生物技术研发外包离岸执行额达 126.1 亿元，同比增长 47.7%。

从市场来看，承接中国香港、日本外包业务增长较快。1～4 月我国企业承接中国香港、日本离岸外包执行额分别为 281.4 亿元和 117.2 亿元，同比分别增长 14.1%和 12.7%。承接“一带一路”沿线国家离岸外包执行额 252.9 亿元，同比增长 6.9%。

从区域来看，京津冀地区成为发展新亮点。1～4 月京津冀地区承接离岸外包执行额 134.8 亿元，同比增长 31.4%，主要是由信息技术和生物医药研发外包增长较快带动。长三角区域承接离岸服务外包执行额 783.2 亿元，同比增长 3.1%。31 个服务外包示范城市承接离岸外包执行额 1 282.1 亿元，同比增长 7.7%，占全国 85.9%。

从经营主体来看，外商投资企业和民营企业是主力军。1～4 月，外商投资企业承接离岸服务外包执行额 605.5 亿元，占全国的 40.6%，同比增长 13.8%；民营企业承接离岸服务外包执行额 320.6 亿元，占全国的 21.5%，同比增长 26.8%，高于全国平均增速 16.4 个百分点。

资料来源：商务部网站. 商务部服贸司负责人谈 2020 年 1～4 月我国服务外包产业发展情况. (2020-05-20)[2021-05-01]. http://www.chinawuliu.com.cn/zixun/202005/20/504443.shtml.

案例思考：

业务外包对企业有什么好处？

一、业务外包的概念

1990 年，普拉哈拉德和哈默尔在其《企业核心竞争力》一文中正式提出了业务外包的概念。具体而言，所谓业务外包，是指企业基于契约，将一些非核心的、辅助性的功能或业务外包给外部的专业化服务机构，利用它们的专长和优势来提高企业的整体效率和竞争力，而自身仅专注于企业具有核心竞争力的功能和业务。

也就是说，首先企业要确定自己的核心竞争力，并把企业内部的智能和资源集中在那些有核心竞争优势的活动上，然后将剩余的其他业务外包给最好的专业企业去做。供应链环境下的资源配置决策是一个增值的决策过程，如果企业通过业务外包能以更低的成本获得价值更高的资源，那么就应该选择业务外包。

从本质上讲，外包是企业的一种经营战略，是企业经营管理的一种新理念。

在当今时代，企业之间的竞争已不再是单个企业与单个企业之间的竞争，而是供应链与供应链之间的竞争，这就要求提高供应链的整体竞争优势，而这种竞争优势又来源于供应链中各个企业的核心竞争力的提高。而供应链中的企业实施业务外包是提高企业核心竞争力的有效手段。企业正确运用外包战略，可以起到事半功倍的效果。

企业业务外包结构模型如图 2－1 所示。

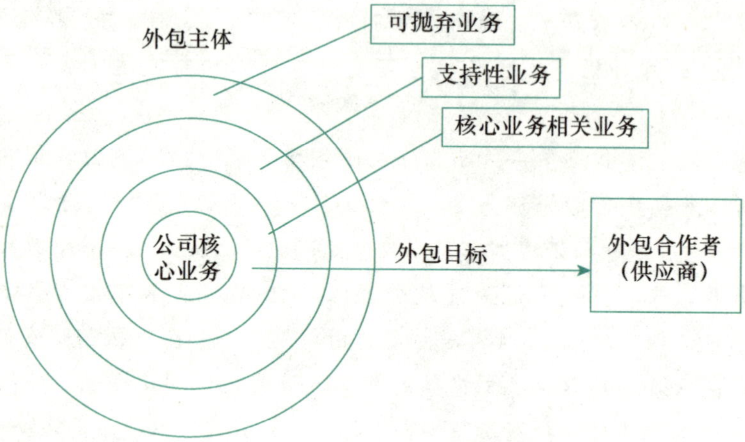

图 2－1　企业业务外包结构模型

二、业务外包的优越性

业务外包作为企业的一种经营战略，并不是将自己的蛋糕分一块给别人，而是与别人分享一块更大的蛋糕。与传统的管理模式相比，实行业务外包的企业将资源集中于经过认真挑选的少数具有竞争力的核心业务上，也就是集中在那些使它们真正区别于竞争对手的技能和知识上，而把其他一些虽然重要但不是核心的业务职能外包给世界范围内的“专家”企业，并与这些企业保持紧密的合作关系。企业将业务外包有以下几方面的优越性：

（一）企业可以实行并行运作模式

由于企业把非特长的经营活动交给其他企业完成，使得传统的企业运作方式在时间和流程上处于先后关系的有关职能和环节方面得到了改变。企业的各项活动在空间上是分散的，但在时间上却可以并行。这种并行的运作模式可提高企业的反应速度，有利于企业形成先动优势。

（二）企业可以在组织和结构上具有更大的应变性和灵活性

对实行外包的企业来说，由于大量的非特长的业务都由合作伙伴来完成，企业可以精简机构而变得更加精干。纵向一体化的组织结构形式让位于横向型组织结构模式，扁平化的组织结构使企业对信息的反应更加敏捷，这种组织结构将随着网络经济的发展越来越具有生命力。

（三）企业可以专注于核心竞争力的发展

外包的目的在于巩固和扩张自己的核心能力，以建立自己的竞争优势。外包明显区别于兼并，后者聚焦于市场的外部扩张行为，而外包有时甚至是规模的缩减过程。这种内部化过程不需要核心竞争力要素的长期积累，而是直接把原有的资源应用于巩固、发展核心竞争力上，从这个意义上说，外包是建立核心竞争力最有效的途径。

（四）企业可以规避经营风险

企业自身的资源和能力是有限的，由于自然和社会环境的不确定性、经营者自身业务活动的复杂性以及自身能力的有限性等方面的因素，企业在经营过程中不可避免地要承担生产、营销、投资、技术以及财务等方面的风险，而经营风险具有复杂性、潜在性、破坏性等特征。通过资源外向配置和业务外包，企业可以与外部合作伙伴共同承担风险，使企业变得更加柔性，更能适应外部环境的变化。

（五）企业可以降低经营成本

源于专业化分工带来的职能效率的提高，许多承包商都拥有比本企业更有效的资源和组织，尤其是专业化的知识和经验。通过承揽较多的外包服务，它们可以通过规模经营的实现而获得比单个企业生产高得多的经营效率和效益。在资源配置日趋全球化的背景下，业务外包避免了重复投资或承担不擅长的业务导致资源利用率低下的问题，使整个社会的资源得到优化配置，提高了社会的专业化协作程度，从而提高了社会资源的利用率，既节约了大量的社会资源，又直接降低了企业的加工成本和制造成本。

思考练习

1. 什么是企业核心竞争力？它有哪些特征？
2. 如何识别和构建企业核心竞争力？
3. 什么是业务外包？它有哪些优越性？
4. 什么是供应链战略？它要解决的关键问题有哪些？
5. 简述供应链战略决策的三个阶段。
6. 如何进行供应链战略的定位？

技能训练

京东物流借力腾讯社交电商的新供应链效益

以京东物流为代表，整个京东集团正在“高筑墙，广结盟”，从开放到更开放。

2019 年 5 月 21 日，京东零售集团的轮值首席执行官（CEO）徐雷在 2019 京东“618”全球品牌峰会上解读了京东未来的发展战略，其中“全面开放”再次被列为唯一战略。

京东正在讲一个赋能和共生的故事，而这几乎是所有头部平台型产品都会走的一条路。纵向深入采购产业链，横向开拓企业服务场景，在“无界零售”的推动下，京东也要打造全生命周期的开放版图。

这其中，物流与供应链的开放成为首要的驱动力。

一、一季度增长 91%，物流开放成效显现

5 月 10 日，京东发布 2019 年第一季度财报。其中第一季度净收入为 1 211 亿元，较去年同期增长 20.9%，本季度调整后净利润 33 亿元，去年同期为 15 亿元，远超市场预期。

具体拆开来看，京东净收入主要来源于商品以及服务项，其中净商品收入为 1 087 亿元，净服务收入为 124 亿元。而据财报，在 124 亿元的净服务收入中，物流及其他服务收入同比增速超 91%。

近几年，京东物流的外单业务发力成效也很可观。据财报，京东 2015 年到 2018 年物流及其他服务方面（外单业务）的营收分别为 23.9 亿元、32.7 亿元、51.2 亿元和 123.8 亿元，2018 年全年增长高达 142%。也就是说，物流及其他服务正成为拉动京东收入增长的重要引擎。

二、强增长，开放 B 端供应链服务解决方案

此外，京东履约费用占净收入的比例正逐年下降。对比 2016 年的 8.1%、2017 年的 7.1%、2018 年的 6.9%，再到 2019 年一季度的 6.7%，显然早前刘强东提到的京东物流“开源节流”也开始释放效果，因为物流成本一直是电商订单履约支出的大头。

另据财报，截至 2019 年 3 月 31 日，京东在全国运营着超过 550 个大型仓库，总面积超过 1 200 万平方米，从连续多个季度的数据来看，京东在物流基础设施上并没有多大扩增。

在保持物流基础设施规模不变的情况下，外单业务大幅增长，这也是京东物流成立 12 年来仓配供应链核心能力的体现。

其实，纵观行业，多数物流企业都是集中在某个领域发力，比如强在干线运输的德邦物流，还有干线和配送两个领域比较强的“四通一达”和顺丰，少有仓、干、末端都发展的企业，而电商物流由于上游流量整合的特殊性，在逐渐发展的过程中出现了涉及重货、冷链、快递、供应链管理等多个环节、多个细分领域的综合物流企业，京东物流就是代表之一。或许这也是其投入巨大难以收回成本的原因之一。

本次“618”启幕会上，京东物流 CEO 王振辉也颁发了 2019 年度京东物流最佳合作伙伴奖，新宁物流、联合利华、家乐福中国、国货航、小米等均上榜。

对于 B 端，京东物流的服务已经着眼于全链路的供应链服务，从追求点到点搬运效率的提升，到实现预测、采购、生产、物流交付的全链条优化。

例如，京东物流供应链为联合利华提供中国区配送网络的支持、仓库品类布局、工厂订单生产的流程优化服务，在保证其服务水平的基础上，实现物流成本的降低。

京东物流与小米自 2017 年开始合作后，其一直为小米提供中小件仓配、大件仓配、B2B、快递等全方位的供应链一体化物流服务。包括在之前投资新宁物流的战略协议中，供应链解决方案也是重点方向。

三、腾讯再造一个京东：社交电商京东凭什么

1. 与腾讯携手深挖三到六线城市

此次品牌会还有一个重点，即京东与腾讯携手发力社交电商，要在微信上再造一个京东。

据介绍，京东将利用微信一级入口及微信市场的海量用户等资源，打造区别于京东现有场景和模式的全新平台。

“这将是京东深度挖掘微信市场、拓展三到六线城市用户的重要手段，这项业务将在今年第三季度上线并不断优化。”徐雷表示。

京东在发布 2019 年一季度财报的同时，宣布与腾讯续签为期三年的战略合作协议，协议自 2019 年 5 月 27 日起生效。据协议，腾讯将继续在其微信平台上为京东提供位置突出的一级和二级入口，为京东带来流量支持。2014 年京东与腾讯达成战略合作后，腾讯就为京东开放了微信一级入口。据透露，目前京东有 1/4 的新用户来自微信。

在拉新方面，腾讯对于京东的意义不言而喻。但提到社交电商，同为腾讯体系的拼多多无疑是其最强劲的对手之一。在腾讯的流量生态中成长起来的拼多多，引领了社交电商的脚步，从成立三年就上市，再到被列为“消费降级”的代表，一路争议，一路迅猛增长。拼多多发布的 2019 年一季度财报显示，其 GMV 同比增长 181% 至 5 574 亿元，平台年活跃买家数达 4.433 亿，也意味着拼多多再也不是“三亿人都在用”了。

与此同时，资本市场也一片向好。5 月 3 日云集上市，成为中国社交电商第一股。5 月 8 日贝店官方宣布完成 8.6 亿元融资。而据不完全统计，市场上拿到融资的社交电商企业已有 120 多家。

电商巨头们当然不会袖手旁观，京东去年底在组织架构调整时就成立了社交电商业务部，将社交电商业务提升到新的战略高度，包括早前上线的京东拼购等。2019 年 2 月，国美也宣布推出“国美美店”，正式切入社交电商领域。再算上苏宁年初上线的“苏小团”，阿里近日内测的“淘小铺”等，社交电商迎来了更激烈的竞争。

2. “一盘货”模式＋反向供应链＝抢夺社交电商关键

总而言之，这种通过前端流量创新反向驱动后端供应链创新的零售模式正在崛起，而供应链创新也成为各平台默认的决胜点。包括之前拿到新投资的贝店，其融资资金用途就是打造社交驱动的柔性供应链基础设施。

而据早前媒体爆料，拼多多创始人黄峥在每个季度的电话例会上都要对上个季度

供应链的创新改造——举例，如完成了哪个产业链的改造、是否有让生产力结合数据开发升级等。

黄铮之所以这么重视供应链的改造，除了由平台本身基因决定，在竞争之外建立护城河也是其目标。因为借助流量玩法取得红利的社交电商可复制性太强，而只有依靠后端供应链的掌控力，才能决定平台的商品品质与性价比。

随着消费者个性化需求成为主导，以消费市场为主导的 C2M（消费者驱动型制造）供应链模式成为社交电商这种“以人为本”的新电商模式的核心。拼多多的供应链就是典型的 C2M 模式。简单来说就是平台将消费需求打包直接对接工厂，再反推给供应链上游生厂商，直接生产定制化商品，减少流通环节，降低成本。

而对于已具备成熟供应链管理模式的京东物流来说，或许这将是更大的机会。因为京东一直以“一盘货”的供应链模式著称，从产地仓、销地仓、B2B、B2C 等多个仓库整合，实现统一调拨、统一补货、统一运输、统一配送，能大幅度减少冗余的库存和仓间调拨的次数，从而提升整体效率，降低成本。

而在京东物流全球智能供应链基础网络里，已经拥有中小件、大件、冷链、B2B、跨境和众包（达达）六大物流网络，以及包括京东供应链、京东快递、京东冷链、京东快运、京东跨境、京东云仓在内的不断丰富的全面产品体系，可以提供更细分更全面的产品支持。

此外，抓住腾讯流量和即将上线的社交电商的物流订单，给京东物流实现服务收入持续高增长又加上了一个有力的筹码。因为无论是物流还是供应链，订单池规模始终是决定效益能否良性滚动的关键。

对于反向供应链，据徐雷介绍，早在 2013 年，京东就发布了“JDPhone 计划”，通过挖掘用户数据、联合品牌商、整合产业资源，共同打造满足用户需求的新品，其实质就是今天的反向定制产品。2019 年第一季度，京东 C2M 合作项目数量同比增长超过 5 倍。

“总代包销”模式或也是京东 C2M 反向定制模式的“杀手锏”。这种模式可以在给品牌商吃“定心丸”的同时快速打开销售渠道，缩短产品生产与销售间的周转时差。因为京东可直接参与上游厂商的批量采购，使从生产厂、代工厂、品牌商、京东再到消费者的供应链高效协同，从而大幅降低成本、提升效率。此外，京东还能帮助品牌商进行产品销量和库存的数字化管理，更好地调整库存和备货，使产能管理更加科学。

而在把握包销的背后，是京东通过大数据分析对产品和市场的精准预测。相比之下，京东已积累了多年的潜在消费需求数据，可省去磨合摸索过程，直接从源头上解决厂家与消费者之间“供需”不对称的问题，确保产品更加“适销对路”。

此外，对京东集团来说，京东零售＋京东物流＋京东金融本身也围成了一个供应链闭环。所以，先天带有供应链优势的京东物流，在开放生态下面临更多机会。当然，挑战也不少。是否能“缓称王”，还需要时间来检验。

资料来源：第一物流网. 京东物流借力腾讯社交电商的新供应链效益.（2019-05-28)[2021-05-01]. http://www.chinawuliu.com.cn/zixun/201905/28/340909.shtml.

一、实训名称

京东的供应链战略。

二、实训目标

通过案例，了解京东是如何通过构建智慧供应链，提升企业核心竞争力，布局供应链战略的。

三、实训内容

1. 谈谈你对供应链战略的看法。
2. 了解并分析京东物流在物流行业中的竞争力。
3. 分析京东是如何借力腾讯，提升供应链竞争力的。

项目三

供应链下的物流管理

知识目标

1. 了解和掌握物流及物流管理的定义
2. 掌握供应链管理与物流管理的关系
3. 了解供应链下的物流管理战略

技能目标

1. 能够分析企业的物流管理现状
2. 能够分析企业供应链下物流管理的特征
3. 能够分析企业物流管理中存在的问题

任务一 物流管理认知

案例导入

e签宝：物流行业电子签名解决方案

一、e签宝介绍

e签宝成立于2002年12月，是中国互联网电子签名行业领跑者，致力于为客户提供具有法律效力的电子合同全生命周期服务。2019年10月，e签宝完成6.5亿元C轮融资，由蚂蚁金服领投，戈壁创投及老股东靖亚资本跟投，刷新了当时国内电子签名领域最大融资纪录。

二、传统物流纸质单据所面临的问题

在物流供应链中，企业与企业之间、个人与企业之间的信用签收凭证大部分还在纸质单据与手写签名的阶段，这些纸质单据不仅作为运营凭证使用，还作为结算凭证使用。纸质的单证会严重限制智慧物流的发展，以快运承运业务为例，目前纸质委托书导致的业务痛点有以下几点。

1. 效率低

物流发货、提货、运输过程通过传统的线下纸质方式进行，效率低下，耗时周期长。

2. 成本高

参与物流各环节的人员、角色众多，采用纸质单据对物流业务关键节点进行记录与流转所产生的成本很大。

3. 归档困难

要实现按照类型、金额、部门、风险级别等条件归档需花费大量的精力。

4. 权责难分

现代物流运输方式复杂，链条长，缺少存证，权责划分难。每年因货损产生的纠纷数量繁多，给多方造成了巨大的经济损失。

三、解决方案

货主通过物流平台发布货运信息，生成电子派单与电子提单，承运司机通过手机接收电子派单，并用手机完成承运合同的签署。当承运司机完成货运投递后，收件人通过手机扫码签收承运司机手机中的电子回单，完成整个无车承运场景的电子单据签署。

物流服务平台采用电子签名服务进行用户（司机、发货方等）实名认证，在平台上实现注册、隐私等相关协议的电子签署。用户（如司机）在物流服务平台完成注册后，可在线购买平台会员服务产品，并签署服务合作协议。

e签宝提供的电子签名解决方案步骤如下：

（1）上游供应商和核心企业签订采购商务合同，形成应收账款单据；

（2）供应商提交材料，申请融资；

（3）审核通过后，供应链金融平台通过调用e签宝接口生成融资服务协议，供应商、核心企业、金融机构三方在线签署完成后，协议生效；

（4）金融机构按照合同约定放款；

（5）供应商进行原材料购买投产；

（6）核心企业按照合同约定向资金方支付账款。

资料来源：佚名. e签宝：物流行业电子签名解决方案.（2020-03-15）[2021-05-02]. http://www.chinawuliu.com.cn/xsyj/202103/15/543609.shtml.

案例思考：

1. 传统物流纸质单据存在的问题有哪些？
2. e签宝是如何解决传统物流中的问题的？

一、物流与物流管理

（一）物流的定义和组成

1985年，美国物流管理委员会对物流做出定义：“物流是以满足客户需求为目的的，为提高原料、在制品、制成品以及相关信息从供应到消费的流动和储存的效率和效益，而对其进行的计划、执行和控制的过程。”相应的物流功能性活动则包括需求预测、订单处理、客户服务、分销配送、物料采购、存货控制、交通运输、仓库管理、工业包装、物资搬运、工厂和仓库或配送中心的选址、零配件和技术服务支持、退货处理、废弃物和报废产品的回收处理等。1998年10月，美国物流管理委员会修改了物流的定义，将物流定义成供应链管理的一部分。国家标准《物流术语（修订版）》将物流定义为：“物品从供应地向接收地的实体流动过程。根据实际需要，将运输、储存、装卸、搬运、包装、流通加工、配送、信息处理等基本功能实施有机结合。”

虽然中国物流行业起步较晚，但是随着国民经济的飞速发展，中国物流行业保持着较快的增长速度，物流体系不断完善，行业运行日益成熟和规范。

物流的七大组成部分包括：运输、仓储、包装、装卸搬运、流通加工、配送、信息处理。具体内容包括以下几个方面：用户服务、需求预测、订单处理、配送、存货控制、运输、仓库管理、工厂和仓库的布局与选址、搬运装卸、采购、包装、情报信息。

1. 运输

运输是指用特定的设备和工具，将物品从一个地点向另一个地点运送的物流活动。它是在不同地域范围内，以改变物的空间位置为目的对物进行的空间位移，通过这种位移创造商品的空间效益，实现其使用价值，满足社会的不同需要。运输是物流的中心环节之一，也是现代物流活动最重要的一个功能。

2. 仓储

仓储是指通过仓库对物资进行储存、保管以及仓库相关储存活动的总称。它随着物资储存的产生而产生，又随着生产力的发展而发展。仓储是商品流通的重要环节之一，也是物流活动的重要支柱。

3. 包装

包装是指为在流通过程中保护产品、方便储运、促进销售，按一定技术方法而采用的容器、材料及辅助物等的总体名称；也指在为了达到上述目的而采用容器、材料和辅助物的过程中施加一定技术方法等的操作活动。

4. 装卸搬运

装卸搬运是随物品运输和保管而附带发生的作业。具体来说，它是指在物流过程中对物品进行装卸货、搬运移送、堆垛拆垛、放置取出、分拣配货等作业。

5. 流通加工

流通加工（Distribution Processing）是指在物品从生产地到使用地的过程中，根据需要施加包装、分割、计量、分拣、刷标志、拴标签、组装等简单作业的总称。

6. 配送

配送是指在小范围内，对货物进行分拣配货及运输。物流配送的主要工作有：备货、储存、加工、分拣及配货、配装、配送运输、送达服务。

7. 信息处理

信息处理是指对与物流有关的计划、预测、动态信息及有关生产、市场、成本等方面的信息进行收集和处理，使物流活动能有效、顺利进行。

（二）物流管理的定义和目标

物流管理是指企业规划、调节、控制实物（原材料、在制品、成产品、商品）在企业内外流动的过程。它能使实物在包装、搬运、保管、仓储、流通加工、运输、配送等活动的过程中，实现成本最小化，效益最大化；企业通过物流管理活动，使消费者能在正确的时间、正确的地点获得所需要的货物。

物流管理的目标包括以下三点：

（1）降低成本。将与运输和存储相关的可变成本降到最低。

（2）减少投资。战略实施的目标是使物流系统的投资最小化。

（3）改进服务。一般认为企业收入取决于所提供的物流服务水准。

二、供应链下物流管理的概念和特征

（一）供应链下物流管理的概念

供应链下的物流管理，是指在社会再生产过程中，根据物质资料实体流动的规律，应用供应链管理的基本原理和科学方法，对物流活动进行计划、组织、指挥、协调、控制和监督，使各项物流活动实现最佳的协调与配合，以降低物流成本，提高物流效率和经济效益。作为一种共生型物流管理模式，供应链物流管理强调供应链成员组织不再孤立地优化自身的物流活动，而是通过协作、协调与协同，提高供应链物流的整体效率。

（二）供应链下物流管理的特征

在传统的物流系统中，由于需求信息和供给信息都是逐级传递的，因此上级供应商不能及时地掌握市场信息，对市场的信息反馈速度也就比较慢，从而导致需求信息的扭曲。另外，传统的物流系统没有从整体角度进行物流规划，常常导致一方面库存不断增加，另一方面当需求出现时又无法满足。这样，企业就会因为物流系统管理不善而丧失市场机会。由于供应链管理下物流环境的改变，新的物流管理有许多不同于传统物流管理的特点，这些特点反映了供应链管理思想的要求和企业竞争的新策略。

1. 信息共享

和传统的纵向一体化物流模式相比，供应链信息的流量大大增加，需求信息和反馈信息不是逐级传递，而是网络式传递的，企业通过 EDI/Internet 可以很快掌握供应链上不同环节的供求信息和市场信息。因此，在供应链环境下的物流系统中有三种信息在运行，即需求信息、供应信息和共享信息，如图 3－1 所示。共享信息的增加对供应链管理是非常重要的。由于可以做到信息共享，供应链上任何节点的企业都能及时地掌握市场的需求信息和整个供应链的运行情况，每个环节的物流信息都能透明地与其他环节进行交流与共享，从而避免了需求信息的失真。

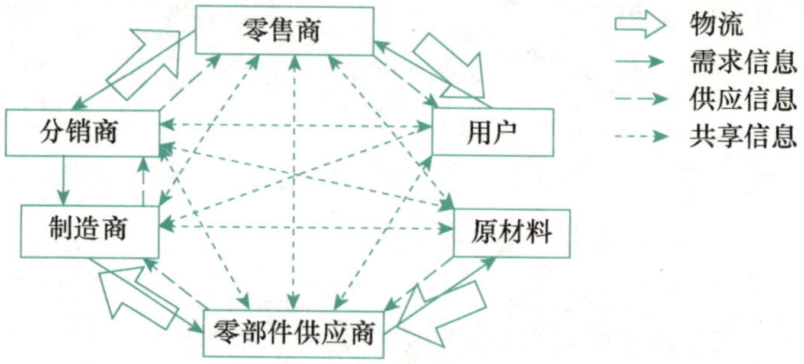

图 3－1 供应链环境下物流信息的运行

2. 网络规划

物流网络规划能力的增强，也反映了供应链环境下物流管理的特征。在供应链环境下，充分利用第三方物流系统、代理运输等多种形式的运输和交货手段，降低了库存的压力和安全库存水平。

3. 流程重组

作业流程快速重组能力的增强极大地提高了物流系统的敏捷性。通过消除不增加价值的过程，使得供应链物流系统的成本进一步降低，从而为提高供应链的敏捷性和实现精细化运作提供基础性保障。

4. 信息跟踪

信息跟踪能力的提高，使供应链物流过程更加透明化，同时也为实时控制物流过程提供了条件。在传统的物流系统中，许多企业有能力跟踪企业内部的物流过程，但没有能力跟踪企业之外的物流过程，这是因为没有共享的信息系统和信息反馈机制。

供应链下的物流管理的几种方法

5. 无缝链接

合作性与协调性是供应链管理的一个重要特点，但如果没有物流系统的无缝链接，运输的货物可能会逾期未到，顾客的需要就不能得到及时满足，采购的物资就会经常在途受阻，这些都使供应链的合作性大打折扣。因此，无缝链接的供应链物流系统是供应链协调运作的前提条件。

三、供应链管理与物流管理的关系

（一）从两者定义来看

物流是供应链过程的一部分，物流管理是供应链管理的一部分，物流业的发展更依赖于供应链理论指导。由此可以看出：物流涉及原材料、零部件在企业之间的流动，是企业之间的价值流过程，不涉及生产制造过程的活动；供应链管理包括物流活动和制造活动，涉及从原材料到产品交付最终客户的整个物流增值过程。供应链是物流、信息流、资金流的统一体，物流管理是供应链管理体系的重要组成部分。

（二）从范围来看

物流是供应链管理的一个子集。物流实施总是以点到点为目的。供应链管理则将许多物流以外的功能通过突破企业间的界限整合起来，它的功能超越了企业物流的范围。供应链管理的范围包括从新产品的研发、工程设计、原材料采购、生产制造、储存管理、配送运输和订单履行直到客户服务及市场需求预测的全过程。而物流管理只考虑自己路径范围内的业务，其管理的主要对象是采购或销售物流和生产物流，追求局部利益最大化。物流管理主要涉及组织内部商品流动的最优化，而供应链管理强调仅有组织内部的合作和最优化是不够的，还必须重视组织外部供应链上游、下游企业的合作及整条供应链的最优化。

（三）从层次来看

供应链管理包括企业许多层次上的活动，从战略层到职能层，一直到运作层。战略层处理的是对企业有着长远影响的决策，包括仓库和制造工厂的数量、布局和能力，以及材料在物流网络中的流动等方面的决策；职能层处理的决策一般每季度或每年都要更新，这些决策包括采购和生产决策、库存策略和运输策略；运作层的活动主要是日常决策，如计划、估计提前期、安排运输路线、装车等。物流管理在层次上没有供应链管理这么多，也没有这么深，在管理范围上是局部的。

四、物流管理在供应链管理中的地位

（一）贯穿供应链的全过程

物流管理是供应链管理中不可忽视的一部分，一般认为，供应链是物流、信息流、资金流三流的统一体，物流贯穿供应链的全过程，从供应商到核心企业的供应物流，核心企业的内部物流，再到分销商与最终客户的分销物流，以及伴随而生的废弃物物流、回收物流等，形成了以核心企业为集散中心的物流体系。物流连接着供应链上的各个企业，是企业间相互合作的纽带。因此，物流作为供应链管理体系的重要组成部分，在供应链管理中发挥着极为重要的作用。

（二）提高供应链的敏捷性和适应性

由于现代企业生产方式的转变，即从大批量生产转向精细的准时化生产，这时的物流，包括采购与供应，都需要跟着转变运作方式，实行准时供应和准时采购等。另外，顾客需求的瞬时化，要求企业能以最快的速度把产品送到用户的手中，以提高企业快速响应市场的能力。所有的这一切，都要求企业的物流系统具有和制造系统协调运作的能力，以提高供应链的敏捷性和适应性。因此，物流管理不再是传统的保证生产过程连续性的问题，而是要在供应链管理中发挥重要作用，具体表现在以下几个方面：创造用户价值，降低用户成本；协调制造活动，提高企业敏捷性；提供用户服务，塑造企业形象；提供信息反馈，协调供需矛盾。

（三）对供应链进行实时协调与控制

物流管理可以对供应链管理下的物流进行科学的组织计划，使物流活动在供应链各环节之间快速形成物流关系，确定物流方向，通过网络技术将物流关系的相关信息实时地传递给供应链各个环节，并在物流活动过程中，对其进行实时协调与控制，实现物流运作的低成本、高效率的增值过程管理，主要包括对物流的事前、事中以及事后的全方位管理。物流的事前管理不仅决定了物流能否快速、有效及物品是否安全，同时也对整个供应链有决定性的影响。科学的物流事前管理是物流成功的第一步，也是关键的一步。物流的事中管理是对物流运作过程的实时控制，以及对事前计划的实时调整，是对物流活动进程的掌握，有利于供应链各环节了解物流物品动向，协调相应的各部门的计划。物流的事后管理是对已进行的物流进行分析总结，寻找成功的经验和问题的原因，为改进物流管理提供借鉴，同时也是第三方物流企业进行经营核算管理的环节。

任务二 供应链下的物流管理战略

案例导入

e签宝：百世物流解决方案

百世物流科技（中国）有限公司成立于2007年，是由信息技术和供应链资深专家联合组建的创新型综合物流服务提供商。

百世物流引入e签宝电子签名，打通内部多个系统，实现供应链金融服务协议、合作协议、内部文件签署效果，线上一键签署，每笔业务平均可节约5天左右的时间，签署效率提升500%以上。电子合同易查找易管理，同时减少了企业在合同签署过程中丢单的概率，提高了企业生产力。

资料来源：佚名. e签宝：物流行业电子签名解决方案.（2020-03-15）[2021-05-02]. http://www.chinawuliu.com.cn/xsyj/202103/15/543609.shtml.

案例思考：

e签宝帮百世物流解决了哪些问题？

一、供应链下的物流管理战略框架

（一）全局性的战略

物流管理的最终目标是满足用户需求（把企业的产品和服务以最快的方式、最低的成本交付给用户），因此用户服务应该成为物流管理的最终目标，即全局性的战略目标。通过良好的用户服务，可以提高企业的信誉，获得第一手市场信息和用户需求信息，增强企业的亲和力并留住用户，使企业获得更大的利润。要实现用户服务的战略目标，必须建立用户服务的评价指标体系，如平均响应时间、订货满足率、平均缺货时间、供应率等。虽然目前对于用户服务的指标还没有一个统一的规范，对用户服务的定义也不同，但企业可以根据自己的实际情况建立提高用户满意度的管理体系，通过实施用户满意工程，全面提高用户服务水平。

（二）结构性的战略

结构性的战略包括渠道设计和网络分析。渠道设计是供应链设计的一个重要内容，包括重构物流系统、优化物流渠道等。通过优化渠道，提高物流系统的敏捷性和响应性，使供应链的物流成本降到最低，关于物流渠道的设计在后面还要进一步讨论。网络分析是物流管理中另一项很重要的战略工作，它为物流系统的优化设计提供参考依据。

（三）功能性的战略

功能性的战略主要包括物料管理、仓库管理、运输管理等三个方面。其内容主要有：（1）运输工具的使用与调度；（2）采购与供应、库存控制的方法与策略；（3）仓库的作业管理等。物料管理与运输管理是物流管理的主要内容，必须不断改进管理方法，使物流管理向零库存这个极限目标努力，降低库存成本和运输费用，优化运输路线，保证准时交货，实现物流过程适时、适量、适地的高效运作。关于库存管理和采购问题将在下面的项目中详细论述。

（四）基础性的战略

基础性的战略的主要作用是为物流系统的正常运行提供基础性的保障。其内容包括：(1) 组织系统管理；(2) 信息系统管理；(3) 政策与策略；(4) 基础设施管理。要健全物流系统的组织管理结构和人员配备，就要重视对企业有关人员的培训，提高他们的业务素质。例如，采购与销售部门是企业的两个对外业务协调部门，它们工作的好坏直接关系到企业与合作伙伴的关系和企业的形象，因此必须加强对这两个部门的领导与组织工作。信息系统是物流系统中传递物流信息的桥梁，库存管理信息系统、配送分销系统、用户信息系统、EDI/Internet 数据交换与传输系统、电子资金交易系统、零售点等对提高物流系统的运行效率起着关键作用，因此必须从战略的高度去规划与管理，才能保证物流系统高效运行。

未来 10 年影响物流行业的几个趋势

二、供应链环境下的物流管理战略

(一) 有效的资源配置

物流管理的作用就是通过有效的资源配置，使供应链各企业之间的物料得到最充分的利用，保证供应链实时的物料供应、同步化的运作。

供应链管理的目的是要通过合作与协调实现资源的共享和最佳资源搭配，使各成员企业实现资源最充分的利用。比如，台湾的计算机业所推行的全球运筹式产销模式，就充分利用了物流网络的资源配置功能，实现全球资源的有效配置。这种模式的思想就是按客户订单组织生产，生产采用分散的模式，将全球的计算机资源利用起来，采取外包的形式，将计算机中的各种零配件、元器件、芯片外包给世界各地的制造商去生产，通过全球物流网络发往同一配送中心组装，再由配送中心将组装好的计算机发送给用户。许多跨国公司都有完备的物流网络系统，其物流系统能快速地把世界各地的资源充分地利用起来，有很强的竞争力，企业也有很高的敏捷性和柔性，十分有利于实现全球跨国经营。

供应链的物流系统能否实现有效的资源配置取决于物流信息系统的完备性和合作企业的合作性。

(二) 库存模式选择

库存是指企业组织中存储的各种物品与资源的总和。在供应链管理环境下，库存模式对于物流运作效率具有很大的影响。库存模式有供应商管理库存，联合库存管理，协同计划、预测和补货技术等。供应商管理库存，是一种为了实现快速响应的从供应商到实际需求的拉动式补给策略。它以用户和供应商双方都获得最低成本为目的，在一个共同的协议下由供应商管理库存，并不断监督协议执行情况和修正协议内容，使库存管理得到持续的改进。联合库存管理是一种在 VMI 基础上发展起来的供应商与用户权利、责任平衡和风险共担的库存管理模式。协同计划、预测和补货（CPFR）是一种协同式的供应链库存管理技术，它能同时降低销售商的存货量，增加供应商的销售量。CPFR 最大的优势是能及时、准确地预测出各项促销措施或异常变化带来的销售高峰和波动，从而使销售商和供应商都能做好充分的准备，赢得主动。

（三）物流配送策略

配送是物流企业按照用户的订货要求对货物进行一系列分类、编配、整理，然后将货物运至用户的一种物资运动方式。供应链管理环境下的物流配送需要多种物流配送技术和方法来提高物流配送效率，降低配送费用，提高配送作业的柔性和灵活度。在供应链管理环境下，物流配送策略主要考虑配送中心设置、路线选择、车辆调度等关键问题。配送中心是从事货物配备和组织对用户的送货，实现销售的现代流通设施。它把物流、信息流、资金流融为一体，对物流运作的各个环节进行标准化、规范化的管理和控制，提高物流的集约化程度。路线选择涉及的因素很多，主要有运输距离、运输环节、运输工具、运输时间、运输费用等，因此，供应链管理环境下的路线选择问题往往是多目标的。车辆调度包括集货线路优化、车辆配装和送货线路优化等，可以运用系统建模和仿真技术，开发可视化的物流配送车辆优化调度系统。

（四）第三方物流系统

第三方物流是一种实现物流供应链集成的有效方法和策略，它通过协调企业之间的物流运输和提供后勤服务，把企业的物流业务外包给专门的物流管理部门来承担，特别是一些特殊的物流运输业务。通过外包给第三方物流承包者，企业能够把时间和精力放在自己的核心业务上，提高供应链管理和运作的效率。

第三方物流系统提供一种集成运输模式，它使供应链的小批量库存补给变得更为经济。因为在某些情况下，小批量的货物运输（非满载运输）显然是不经济的，但是多品种小批量生产的供应链环境必须小批量采购、小批量运输，这就提高了货物的供应频率，运输频率的增加就意味着运输费用的增加，显然不经济。第三方物流系统是一种为大多数企业提供运输服务的实体，它为多条供应链提供运输服务，比如，当多家供应商彼此位置相邻时，就可以采用混装运输的办法，把各家供应商的货物依次装在同一辆货车上，实现小批量交货的经济性，这就是第三方物流系统提供联合运输（集成运输模式）的好处。

（五）延迟化策略

延迟化策略是一种为适应大规模定制生产而采用的策略，通过这种策略，企业能够实现产品多样化，适应顾客个性化的需求。实现延迟化策略的关键技术是模块化，它包括以下几个方面：模块化产品、模块化工艺过程、模块化分销网络设计。

在用户需求多样化的今天，如果想满足用户的需求，就必须采用产品多样化策略。但是，产品多样化必然带来库存产品的增加。在过去的物流管理系统中，分销中心的任务是仓储和分销，当增加产品品种时，库存也随之增加，这对企业来说是一笔很大的投资，物流成本增加可能会削弱产品多样化策略的优势。在延迟化策略中，地区性顾客化产品是到达用户所在地之后以模块化方式组装的，分销中心没有必要储备所有的顾客化产品，而是只储备产品的通用组件，使库存成本大为降低，这样一来，分销中心的功能也发生了转变。为实现延迟化策略，物流系统中的运输方式也必须跟着发生变化，如采用比较有代表性的交接运输方式。交接运输是对于仓库或分销中心接到的货物不作为存货，而是为紧接着的下一次货物发送做准备的一种分销方式，这种物流方式就是模块化分销网络设计。

（六）战略渠道设计

战略渠道设计就是通过网络分析，优化确定物流供应链的制造工厂、分销中心、仓库等设施的位置和数量，使物流系统合理化，从而获得合理的运输和库存成本。网络设计是一个复杂的系统工程，需要从供应链管理的战略高度、整体的利益来考虑。

战略渠道设计可以分为三个步骤：第一步要进行网络分析。通过网络分析，确定网络要素和相互之间的关系，比如工厂的位置、分销地点和数量、供应商的数量和位置等；第二步是优化设计，采用有关数学模型或采用其他方法进行优化决策分析；第三步是组织实施网络设计方案。

任务三 供应链下的物流决策

案例导入

青岛啤酒：外包物流保持新鲜

青啤人常说："我们要像送鲜花一样送啤酒，把最新鲜的啤酒以最快的速度、最低的成本送给消费者品尝。"为了实现这一目标，2002 年 4 月，青啤与招商物流正式确定合作关系，共同出资 200 万元组建青岛啤酒招商物流有限公司。该公司将通过青啤优良的物流资产和招商物流先进的物流管理经验，全权负责青啤的物流业务，提升青啤的输送速度。

双方协议，组建公司除拥有招商局专业物流管理经验和青岛啤酒优质的物流资产以外，还拥有基于 Oracle 的 ERP 系统和基于 SAP 的物流操作系统提供信息平台支持。青岛啤酒招商物流有限公司两年内由青岛啤酒公司持股 51%，两年后由招商局物流公司持股51%。

青啤招商物流公司运营以来，青岛啤酒在物流效率的提升、成本的降低、服务水平的提高等方面成效显著。据悉，自从合作以来，青岛啤酒运往外地的速度比以往提高了30%以上，山东省300千米以内区域的消费者都能喝到当天的啤酒，300千米以外区域的消费者原来喝到青岛啤酒需要3天左右，现在只需1天。据透露，青岛啤酒运送成本每个月下降了100万元，青啤车队司机的月收入也拉开了档次，最大的时候相差达3 500元。

另外，与招商物流的合作，使青岛啤酒固化在物流上的资产得以盘活。据介绍，自1997年开始，青岛啤酒公司就开始进行物流提速的投资，先后在4年间共斥巨资4 000多万元进口大型运输车辆40余部，以保证向全国客户按时供货。但是青啤在自营运输业务上并不具备优势，这支车队每年有近800万元的潜亏。早在此前，青啤就有了物流外包的意图。故在国内企业大多热衷于自建物流体系，很少向外寻求物流服务的时候，青啤却将物流从主业中剥离，在招商物流的配合下，小心却又决然地迈出了一步。

资料来源：电子商务研究中心. 青岛啤酒：外包物流保持新鲜.（2018-06-28）[2021-05-02]. http://www.chinawuliu.com.cn/xsyj/201806/28/332435.shtml.

案例思考：

1. 青岛啤酒是如何实施物流外包的？
2. 从案例中我们能得到哪些启示？

在物流管理和技术水平不断提高，第三方物流飞速发展的时期，企业采用物流自营与外包均有着自身的优势与不足。是否应该实施物流外包，在多大程度上使用物流外包，哪些业务实行外包，这是企业面临的最重要也是最困难的决策之一。这一战略问题要求企业明确自己的核心竞争力，明确自营与外包的成本差别，明确自身的优势和劣势，除此之外，归根结底还是要看物流策略是否符合企业的发展战略。

一、物流外包

物流外包又称物流业务外包，即制造或销售等企业为集中资源、节省管理费用、增强核心竞争能力，将其物流业务以合同的方式委托给专业的物流公司（第三方物流，3PL）运作。

物流外包是企业业务外包的主要形式之一，也是供应链管理环境下企业物流资源配置的一种新形式，完全不同于传统意义上的外委、外协，其目的是通过合理的资源配置，发展供应链，打造企业的核心竞争力。

一般认为物流外包的优势主要是提高财务绩效和非财务绩效。物流外包通常能够给企业带来成本优势，因为物流外包能减少设备投资，使固定成本减少，尤其是在短期内能降低成本；物流外包可以使企业从供应商、客户以及专家那里及时得到信息，从而迅速对市场变化做出反应，使企业保持长期的竞争优势；将边缘性的物流业务外包，可以使企业获得更多的时间和精力去培养核心能力。另外，物流外包还可以刺激潜在的第三方物流企业之间的竞争，从而提高产品质量或服务质量。但是，物流外包也存在劣势：过分依赖外包，会降低企业的创新能力；外包伙伴可能会学习和掌握相关核心知识，从而撇开外包商，自己进行生产制造，间接降低外包商自己的竞争力；外包伙伴过多，可能会导致交易成本重复。在供应链管理环境下，物流外包作为一种战略抉择，强调与企业的战略发展相协调，这需要物流外包双方进行卓有成效的协作：只有建立合理、完善的决策体系，才能使物流外包尽其利而避其害。

二、企业物流外包的决策标准

（一）经济标准

经济标准主要是看能否降低成本或使成本达到最低。企业在选择物流运作模式时，成本标准是最直观的一个标准。企业可以在现有物流运作模式的基础上，寻找可以降低成本的其他运作模式，或是在可供选择的物流运作模式中选择成本最低的。对成本的分析可以细化为管理成本和交易成本两个方面。

1. 管理成本

管理成本主要反映的是企业在物流运作过程中，为制订物流战略计划和物流作业计划、故障处理及外包决策等活动所耗费的成本，包括：（1）人力资源成本，主要反映的是企业招聘、培训、激励物流部门相关员工时所耗费的成本以及支付给员工的报酬等；（2）沟通成本，主要反映的是企业物流部门内部员工之间，物流部门与其他部门之间，以及物流部门与外部顾客或供应商之间的沟通所耗费的成本。

2. 交易成本

交易成本包括：（1）资产专用性，主要反映的是为某一特定的交易而做出的持久性投资，它一旦形成便难以改作他用，专用性资产主要用于满足特殊的需求，一旦合约关系中止，资产的价值就很小，投资的一方将蒙受损失；（2）不确定性，主要反映的是外部环境或交易双方的投机行为对交易的干扰，不确定性的存在要求不同的交易选择相应的经济组织形式，以提高对不确定性的适应能力；（3）交易频率，主要反映的是交易的重复程度，建立管理机构并使之有效运作是需要成本的，交易频率越高，这种管理机构给交易双方带来的收益就越能抵消管理成本。

（二）战略标准

1. 能否提高客户服务水平

没有客户就没有企业的生存与发展，因此现代企业特别注重客户服务水平的提高。只有提高客户服务水平，才能拥有忠诚的客户，才可以获得长远的发展。而物流水平的高低是决定企业客户服务水平的重要因素之一，因此，企业在选择物流运作模式时要将能否提高客户服务水平作为首要考虑的因素。

服务水平标准可细化为：（1）可得性标准，主要反映的是当顾客需要存货时企业所拥有的库存能力，可得性可以通过各种方式实现，最普通的做法就是按预期顾客订货进行存货储备，企业也可以根据实际情况制定相应的安全储备政策。（2）一致性标准，主要反映的是企业在众多的完成周期中按时递送的能力，需要说明的是，不能将一致性直接解释为顾客额外需要的安全储备，以防有可能发生的递送延迟，一般来说，可得性与一旦需要就可以进行产品装运的存货能力有关；而完成周期的速度则与持续地按时递送特定的订货所必需的作业能力有关；而所谓的一致性，是指必须随时按照递送承诺加以履行的处理能力。

2. 能否获得物流专业技能

企业物流管理的战略目标是获得并维持优秀的物流专业技能，这包括物流技术（如自动补货系统、自动化立体仓库等）、信息技术（如电子数据交换、全球定位系统、条形码和扫描仪等）以及人力资源等。企业所选择的物流运作模式应当使其拥有这样一些专业技能。物流专业技术技能标准可细化为：（1）信息技术标准，主要反映的是现代信息技术，如电子数据交换（EDI）、传真机、卫星通信等在企业物流作业中的应用；（2）物流技术标准，主要反映的是现代物流技术，如自动化立体仓库、自动导引小车、准时化战略、快速反应等在企业物流作业中的应用；（3）物流运作知识标准，主要反映的是企业在长期物流作业过程中积累起来的物流作业经验和技能。

3. 是否能更容易进入新市场

企业能够迅速地进入一个新兴的市场，克服不同地区间的文化差异，获得客户的依赖，是企业向外扩张成长的一个重要标志。而进入新市场，物流是前锋，合适的物流运作模式将对企业的扩张发展起到重要的作用，因此企业的物流运作模式要能让企业更容易地进入新市场。

4. 能否使企业更专注于核心业务

在竞争激烈的信息时代，为了维持企业的生存和发展，获得竞争优势，企业需要将精力集中在核心业务上。首先要判断物流是不是企业的核心业务，如果物流是企业的核心业务，那么企业就要选择更好的发展物流的运作模式；如果物流不是企业的核心业务，那么企业可以选择采用外包的方式来减少对物流的关注，以将所有的力量集中到核心业务上来。

任务四 供应链下的第三方物流与第四方物流

案例导入

当下一次黑天鹅事件发生时，第三方物流是否可以做得更好？

突发的疫情对第三方物流企业造成了巨大的影响，主要体现在需求的波动、运力资源的短缺、运输网络的阻隔、运营安全的挑战等诸多方面。随着各行业逐渐复工，第三方物流的业务量有所回升，但受制于制造企业仍未全面复工，加上疫情管制带来的场地、操作人员、司机等方面的限制，供应链的效率仍然很低。货主纷纷表示不满，“找不到车，找到车又贼贵，差不多就要搁置合同了”。

在我们看来，疫情将第三方物流原来的成熟体系打碎了，行业迫切需要构建一个新的体系来满足社会的需求。

数字化支撑新的物流运营体系

当原有物流体系指望不上时，有的企业放弃了，因为实在没有可用的资源；有的企业临时“拼凑”出来一个资源和运营体系，却只是可用而不可控，能找到车、能接到活，但顾不上服务质量和过程管控。

第三方物流企业需要具备什么样的能力？首先是基于货主需求定制解决方案的能力，这要求第三方有非常强的行业 Know-how（技术诀窍）和数字化客户需求的能力；其次是丰富、可控的三方属性的运力池，可以满足货主全公斤段、个性化履约的要求；最后是线下业务线上化的能力，具备从需求到交付全链路的数字化履约能力，这一点的重要性，在此次疫情期间得到了凸显和放大。线上第三方物流数字化交付平台能做什么？

第三方物流市场规模巨大，行业集中度低，以层层转包的业务模式为主，货主关心的成本控制和全程可视化管理等问题长期无法得到解决。第三方物流企业面临的信息化、数字化、运力网络升级等问题也一直都存在，只是在疫情期间更加明显地暴露了出来。随着疫情将原本的物流体系击碎，第三方物流企业面临着生死危机，必须建立新的数字化运营体系，实现数字化交付。危机倒逼供应链服务升级，数字化交付的能力不光是第三方物流企业竞争力的表现，在危机及危机以后更是其生存能力的体现。

随着快递、快运等细分市场的整合，第三方物流成为国内物流仅存的万亿级大赛道，加上原有产业集中度低，生产关系和技术水平落后，存在着产业＋互联网升级的巨大机会，直击行业痛点的壹站也被多家投资机构看好。2018 年 5 月，壹站完成了由钟鼎资本和普洛斯领投，G7 跟投的天使轮融资；2019 年 2 月，壹站完成了 Pre-A 轮融资，该轮融资由招商局创投领投，创新工场和明势资本跟投。在不到一年的时间内，完成两轮合计亿元级人民币的融资。

疫情引发了物流企业对相关数字化技术的新一轮思考与尝试，长期来看也将推动物流企业深化数字化转型，第三方物流对于数字化交付的巨大需求是长期的。据介绍，壹站正进一步优化全程可视化、运力标签化、下单自动化、沟通线上化、电子回单（ePOD）无接触化等功能，以应对后疫情时代第三方物流公司的更高需求。

资料来源：佚名. 当下一次黑天鹅事件发生时，第三方物流是否可以做得更好?.（2020-03-04)[2021-05-02]. http://www.chinawuliu.com.cn/xsyj/202003/04/494795.shtml.

案例思考：

1. 什么是黑天鹅事件?
2. 什么是第三方物流?

一、第三方物流

（一）第三方物流的概念

第三方物流，英文名称为 Third-party Logistics，简称 3PL，也称 TPL，是相对“第一方”发货人和“第二方”收货人而言的，是由第三方专业企业来承担企业物流活动的一种物流形态。3PL 既不属于第一方，也不属于第二方，而是通过与第一方或第二方的合作来提供专业化的物流服务，它不拥有商品，不参与商品的买卖，而是为客户提供以合同为约束、以结盟为基础的系列化、个性化、信息化的物流代理服务。随着信息技术和经济全球化趋势的发展，越来越多的产品在世界范围内流通、生产、销售和消费，物流活动日益庞大和复杂，而第一、二方物流的组织和经营方式已不能完全满足社会需要；同时，为参与世界性竞争，企业必须确立核心竞争力，加强供应链管理，降低物流成本，把不属于核心业务的物流活动外包出去。于是，第三方物流应运而生。

第三方物流是指生产经营企业为集中精力搞好主业，把原来属于自己处理的物流活动以合同方式委托给专业物流服务企业，同时通过信息系统与物流企业保持密切联系，以实现对物流全程的管理控制的一种物流运作与管理方式。

第三方物流与供应链管理是一种战略关系。在服务内容上，第三方物流为客户提供的不是一次性的运输或配送服务，而是一种具有长期契约性质的综合物流服务，最终职能是保证服务对象物流体系的高效运作和不断优化供应链管理。与传统储运企业相比，第三方物流的服务范围不仅仅限于运输、仓储业务，它更加注重供应链节点企业物流体系的整体运作效率与效益，供应链的管理与不断优化是它的核心服务内容。在欧美国家的物流理论中经常强调“相互依赖”的关系，也就是说，一个企业的迅速发展单靠自身的资源、力量是远远不够的，必须寻找战略合作伙伴，通过同盟者的力量获得竞争优势。

第三方物流既是供应链节点企业的战略投资人，也是风险承担者。第三方物流企业追求的不是短期的经济效益，更确切地说，3PL 是以一种投资人的身份为供应链节点企业服务的，这是它成为战略同盟者的一个典型特征。第三方物流服务本身就是一种长期投资，这种投资的收益很大程度上取决于供应链节点企业业务量的增长，这就形成了双方利益一体化的基础。

（二）第三方物流在供应链管理中的优势

1. 第三方物流服务的成本节约效应

第三方物流作为一种全新的物流协作模式，使得供应链的小批量库存更加经济，能够提供更快捷、更廉价、更安全和更高服务水准的物流服务。在传统的物流模式中，订货处理成本与库存保持费用之间的矛盾难以调和，因为订货量越大，单位订货处理成本就越低，但库存保持费用就越高；反之，每次订货批量越小，库存保持费用就越低，但单位订货处理成本就越高，存在着订货处理成本和库存保持费用两难选择的状态。第三方物流服务的本质就是降低供应链中无效的库存，提升整个供应链节点企业的客户服务能力。通过第三方物流运作可以很好地解决成本和库存的矛盾，从而实现成本节约的目标。

2. 第三方物流服务的价值提升效应

通过对第三方物流服务的价值树分析可知，供应链节点企业能够通过利用第三方物流服务来增加企业的价值。对于供应链节点企业而言，由于将相关的物流业务外包给第三方物流服务商，因此实现了专业化分工。第三方物流利用其自身的专业优势进行物流业务的运作，在为供应链节点企业带来和提升价值的同时，也为自身的发展提供了基础。

3. 第三方物流服务的业务联盟效应

要实现供应链管理的整体流的最优化，协调供应链中不同企业主体之间的利润关系是必经之路。第三方物流在协调供应链企业的物流运作方面具有独到之处，在供应链管理中被视为一个综合物流服务的提供商。按照固定资产在企业总资产中占有量的多少，可将第三方物流服务商分为资产型 3PL 和非资产型 3PL。资产型 3PL 拥有较多的固定资产，尤其是运输资产，例如卡车、仓库等等；非资产型 3PL 通常能够提供较多物流增值服务，例如融资、管理咨询、物流规划、仓库选址等。非资产型 3PL 服务提供者和次级合作者形成一种战略联盟的关系，这种合作是否成功将影响到整个供应链合作是否能够获得成功。

4. 第三方物流服务可以降低供应链的“牛鞭效应”

供应链库存“牛鞭效应”产生的主要原因是客户响应周期过长，如何缩短客户的响应周期是以时间为竞争要素的一个新问题，也是第三方物流服务提供商努力解决的问题。从物流运作模式的角度来解决供应链的客户响应问题是第三方物流服务创新的一个重要内容。一个供应链在不同层次上有着许多不同的企业，站在最终满足用户需求的角度上看，要经过整个供应链的所有阶段才能向最终用户提供其所需要的产品。因此，基于多阶响应供应链模型的客户响应周期是全供应链的周期，这个周期是由供应链不同阶段的子周期构成的。第三方物流服务的一个出发点就是努力降低并消除由于供应链的多阶响应而产生的牛鞭效应，实现同步供应的快速物流模式。

二、第四方物流

（一）第四方物流的概念

第四方物流（Fouth-party Logistics，4PL）的概念最早是由美国 Anderson 咨询公司于 20 世纪 90 年代中期首先提出的，约翰·加特托纳将其定义为一个供应链集成商，致力于调集和管理组织自己的以及具有互补性的服务提供商的资源、能力和技术，以提供一个综合的供应链解决方案。通过对整个供应链的影响力，它能在解决企业物流的基础上，整合社会资源，实现物流信息的充分共享及社会物流资源的充分利用。

（二）第四方物流的功能

4PL 与 3PL 相比，其服务的内容更多，覆盖的地区更广，对从事货运物流服务的公司要求更高，它们必须开拓新的服务领域，提供更多的增值服务。4PL 最大的优越性是它能保证产品更快、更好、更廉价地送到需求者手中。在当今经济形式下，货主/托运人越来越追求供应链的全球一体化以适应跨国经营的需要，跨国公司也要集中精力于其核心业务而必须更多地依赖于物流外包。基于此，它们不只是在操作层面上进行外协，而且在战略层面上也需要借助外界的力量，以便时刻都能得到更快、更好、更廉价的物流服务。第四方物流可以通过对整个供应链的影响力，提供综合的供应链解决方案，也为其顾客带来更大的价值。

1. 供应链管理功能

4PL 作为供应链管理的一种新的模式，是物流外包发展的必然产物。4PL 在复杂的供应链管理中担负着主要的任务，是供应链外部协作的重要组成部分。它对供应链的物流进行整体上的计划和规划，并监督和评估物流的具体行为和活动的效果。对于供应链的管理来说，4PL 是对包括 4PL 服务商及其客户在内的一切与交易有关的伙伴的资源和能力的统一。4PL 集成了管理咨询和 3PL 服务商的能力。更重要的是，一个前所未有的、使客户价值最大化的统一的技术方案的设计、实施和运作，只有通过咨询公司、技术公司和物流公司的齐心协力才能够实现。4PL集成商们利用分包商来控制与管理客户公司的点到点式供应链运作。

2. 一体化物流的功能

一体化物流是20世纪末最有影响力的物流趋势之一，它是指不同职能部门之间或不同企业之间通过物流上的合作，达到提高物流效率、降低物流成本的效果。一体化物流或物流的一体化包括三种形式：垂直一体化物流、水平一体化物流和物流网络。4PL服务商负责帮助客户实施新的业务方案，包括业务流程优化、客户公司和服务供货商之间的系统集成等，并将业务运作交给4PL的项目小组。在项目实施过程中，人的因素往往是4PL运作成败的关键。其最大的目标是避免把一个设计得非常好的策略和流程实施得非常不理想，因而限制了方案的有效性，影响了项目的预期成果。业务流程一体化、供应链规划的改善和实施，将使运营成本和产品销售成本降低。4PL向用户提供更加全面的供应链解决方案，并通过3PL企业、信息技术企业和咨询企业的协同化作业来实现，使物流的集成化一跃成为供应链一体化。

3. 供应链再造及整合上、下游产业的功能

供应链再造是指为了增加市场份额、销售收入，增强竞争优势，供应链集成商根据货主/托运人在供应链战略上的要求，及时改变或调整战略战术，使其高效率地运作。供应链再造是一个有效的手段，能够扩大市场份额，提高顾客忠诚度，获得持续的竞争优势。

4PL最高层次的方案就是再造。供应链运作过程真正的显著改善要么是通过各个环节计划和运作的协调一致来实现，要么是通过各个参与方的通力协作来实现。再造过程就是基于传统的供应链管理咨询技巧，使公司的业务策略和供应链策略协调一致；同时，技术在这一过程中又起到催化剂的作用，整合和优化了供应链内部和与之交叉的供应链的运作。供应链的改革集中在改善某一具体的供应链职能上，包括销售和运作计划、分销管理、采购策略和客户支持。在这一层次上，供应链管理技术对方案的成败来说变得至关重要。领先和高明的技术，加上战略思维、流程再造和卓越的组织变革管理，共同组成最佳方案，对供应链活动和流程进行整合和改善。

（三）第四方物流的运作模式

第四方物流组织具有较大的柔性，它能够根据成员组织的约定和目标，适应不同的组织，反过来也能够被行业结构与行为所塑造，形成灵活的运作模式。

1. 协同运作模式

由第四方物流为第三方物流提供其缺少的资源，如信息技术、管理技术等，制定供应链策略和战略规划方案，并与第三方物流共同开发市场，而具体物流业务的实施

则在第四方物流指导下由第三方物流完成，它们之间一般采取商业合同或战略联盟的合作方式。在这种模式下，第四方物流为实力雄厚的第三方物流服务商提供供应链战略方案、技术、专门项目管理等补充功能，并主要通过第三方物流为多个客户提供全面的物流服务和最优的解决方案，如图 3-2 所示。

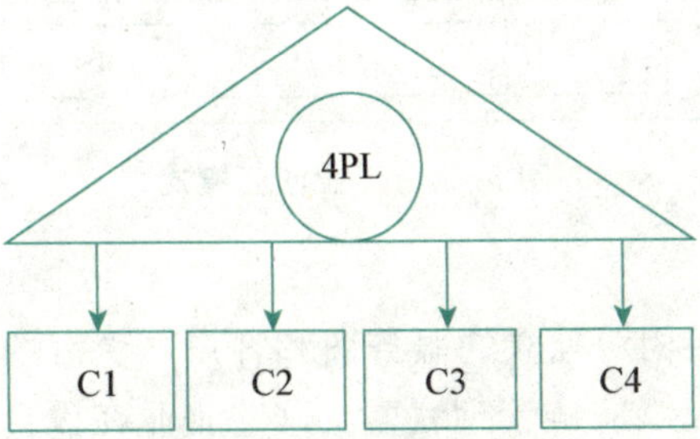

图 3-2 协同运作模式

2. 方案集成模式

由第四方物流为客户提供整条供应链运作和管理的解决方案，以及全面、集成的供应链管理服务。在这种模式下，通常由第四方物流与客户成立合资或合伙公司，客户在公司中占主要份额，第四方物流作为一个联盟的领导者和枢纽，集成多个服务供应商的资源，重点为一个主要客户服务。这种运作模式一般在同一行业范围内采用，供应商与加工制造商等成员处于供应链上、下游和相关业务范围内，彼此间专业熟悉，业务联系紧密，具有一定的依赖性。第四方物流以服务主要客户为龙头，带动其他成员企业发展，如图 3-3 所示。

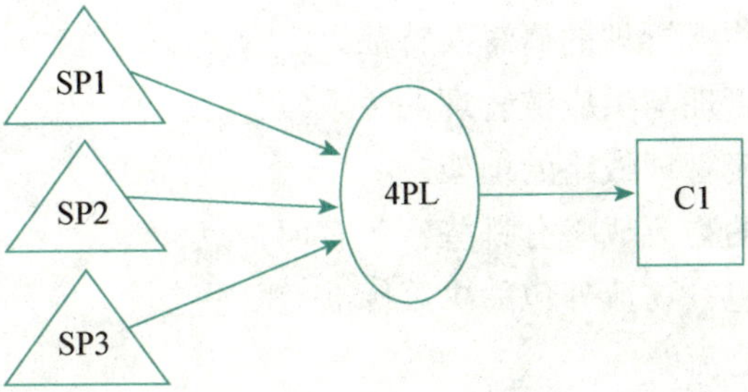

图 3-3 方案集成模式

3. 行业创新模式

第四方物流通过与拥有各种资源、技术和能力的服务商协作，为多个行业的客户提供供应链解决方案。它以整合供应链的职能为重点，以各行业的特殊性为依据，领导整个行业供应链实现创新，给整个行业带来变革与最大化的利益。这种模式以第四方物流为主导，联合第三方物流及其他服务供应商，提供运输、仓储、配送等全方位的高端服务，为多个行业客户制定供应链解决方案，如图 3-4 所示。

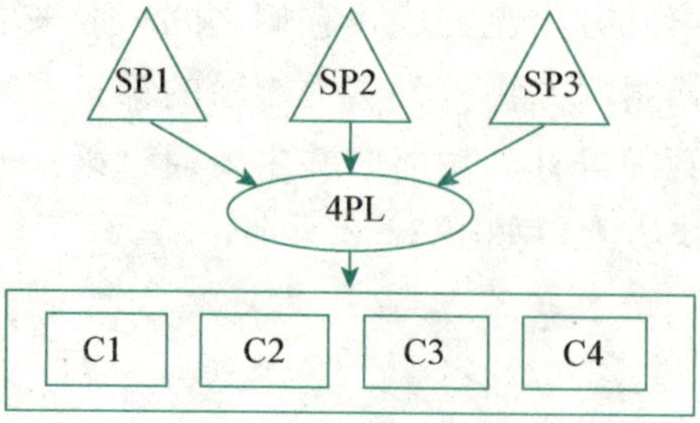

图 3-4 行业创新模式

4. 动态联盟模式

动态联盟模式是指一些相对独立的服务商和客户，受市场机会驱动，通过信息技术相连接，在某个时期内结成供应链管理联盟。这些企业在设计、供应、制造、分销等领域分别为联盟贡献自己的核心能力，以实现利润共享和风险分担。它们除具有一般企业的特征外，还具有基于公共网络环境的全球化伙伴关系及企业合作特征、经营过程优化的组织特征、可再构重组的敏捷特征等，能以最快的速度完成联盟的组织与建立，集成优势，抓住机遇，响应市场，赢得竞争。参加动态联盟的各成员企业，其组织、资源等内部特征都可由自己决定，而其外部特征则需要达到动态联盟的要求。一个企业可同时以不同的角色加入多个第四方物流联盟，在贡献资源的同时，得到自己所需要的资源。

思考练习

1. 简述物流与物流管理的定义。
2. 简述供应链下物流管理的概念及特征。
3. 如何理解物流管理与供应链管理的关系？
4. 简述供应链物流管理战略的框架。
5. 供应链环境下的物流战略有哪些？各有何特点？
6. 什么是物流外包？物流外包的决策标准有哪些？
7. 什么是第三方物流？
8. 简述第四方物流的概念和功能。
9. 简述第四方物流的运作模式。

技能训练

美团配送宣布开放平台战略 让配送能力“即需即用”

一、全球领先的分钟级配送网络，日完成订单量突破 2 500 万单

伴随着外卖业务的快速发展，美团在即时配送领域也取得了出色的成绩。发布会

现场，王莆中透露美团外卖日完成订单量已于2019年4月20日超过2 500万单。与此同时，美团配送也在全国发展了近万家配送站点、前置仓实体网络，服务于全国360多万商家和4亿多用户，覆盖2 800余座市县，日活跃配送骑手超过60万人，成为全球领先的分钟级配送网络。王莆中同时指出，这对于美团配送而言，意味着更多的托付、更大的责任。

美团配送总经理魏巍表示，希望通过美团配送资源的开放，横向满足商户、用户在更多品类和场景上的即时配送需求，纵向可以共享末端配送资源，服务好更多的商户和用户，提升城市物流整体效率。魏巍说："以前，我们都说美团外卖送啥都快，今后我们希望通过美团配送，把世界送到你手中，实现心所想、即送达。"

美团于2015年开始自建配送团队，推出"专送"产品，满足餐饮外卖高时效需求。2016年，美团整合众包推出"快送"产品，提供多样化产品选择。2017年，美团拓展品类、丰富时效、重构产品，推出"飞速达""光速达"等同城产品。2018年，美团第一代无人配送车"小袋"亮相。

二、开放配送平台，打造"即需即用"的配送能力

中国物流与采购联合会副会长兼秘书长崔忠付说：即时配送是近几年迅速发展的一种服务业态，从最初以餐饮外卖为发端，如今所服务的场景早已拓展至商超、生鲜、快递末端等多种场景。在"点个外卖"成为消费者日常习惯的同时，需要即时配送能力的行业也不再仅仅局限于餐饮行业，超市便利店、花店等非餐饮行业也逐渐感受到了缺乏即时配送能力带来的痛点。

跨界竞争冲击下商家增长受限，规模难以扩大，发展将面临挑战，但即时配送能力的构建，又不是简单的"雇几个人送"，而是需要平台化的技术解决方案。CFB集团CEO许惟抡表示："与美团配送达成合作之后，美团配送全国性覆盖的优势、完善的物流配送体系，帮助CFB集团旗下的品牌更好地提升了用户体验和经营效率。"据介绍，CFB集团旗下的DQ和棒约翰都已经与美团配送达成了紧密合作。

王莆中表示，消费者对即时送达的需求，已经远远超过了传统餐饮外卖的范畴。美团配送全面覆盖各种本地商业场景，不管客户一天是1个订单还是1 000个订单，不管是生鲜还是药品，不管是500米还是10千米，配送就像云计算一样，要做到"即需即用"。

三、三大层面输出即时配送能力，解决行业痛点

在推出新品牌的同时，美团宣布开放配送平台，并表示将在技术平台、运力网络以及产业链上下游等方面向生态伙伴开放，提升商家经营效率，降低社会物流成本，共同推动配送生态的建设。

在技术平台方面，美团配送依托于美团"超脑"即时配送系统，实现全系统派单，大大提升了配送效率。据美团配送首席技术官（CTO）孙致钊介绍，美团"超脑"即时配送系统，在高峰期每小时路径规划高达29亿次，平均每0.55毫秒为骑手规划1次路线，平均配送时长目前已经缩短至30分钟以内。

在运力网络方面，美团配送针对便利店、传统商超、近场零售、写字楼等不同场景，已经形成了4种运力网络模式，分别为点对点网络的“巡游模式”、星型网络的“星系模式”、前置小仓+配送的“仓配一体模式”、配送+智能末端的“智能末端模式”。不同的运力网络模式，结合“超脑”即时配送系统以及无人配送车等智能装备，可以满足不同的配送场景和不同商家的需求，提升配送效率，降低物流成本。

此外，美团也将邀请产业链上下游更多生态伙伴加入平台，整合各方资源，将平台订单共享给第三方运力，同时拓展多类型商户，共同打造更完整和强大的配送生态。“在这个发展过程中，仅仅依靠我们自己的力量是不够的，需要产业链上下游一起努力，需要客户给我们提出更多的需求，我们会用更开放的心态，更大的力度来投入建设。”王莆中说。

资料来源：第一物流网. 美团配送宣布开放平台战略 让配送能力“即需即用”.（2019-05-07）[2021-05-02]. http://www.chinawuliu.com.cn/zixun/201905/07/340422.shtml.

一、实训名称

美团的配送战略。

二、实训目标

通过案例，了解和掌握供应链物流管理的过程。

三、实训内容

1. 与竞争对手相比，美团的配送物流有哪些优势？

2. 美团公司配送系统的特点是什么？

3. 我们从美团公司的配送案例中能获得什么启示？一个企业应如何构建自己的配送系统？

项目四

供应链下的采购管理

知识目标

1. 理解采购的概念
2. 了解采购管理的概念
3. 掌握采购管理的重要性
4. 了解传统的采购过程
5. 掌握传统采购的缺点
6. 掌握供应链下的采购的含义
7. 熟悉供应链下的采购管理的特点
8. 熟悉 JIT 采购

技能目标

1. 能够对企业采购管理有客观的认知
2. 能够熟悉企业采购管理的流程
3. 能够了解供应链下的采购管理的特点

任务一 采购管理认知

案例导入

加速企业数字化转型，让采购更高效

传统制造业的供应链管理亟待升级

近年来，供应链上游商品和原材料价格持续上涨，大大压缩了制造业企业的利润空间；消费者的需求趋于个性化并不断更迭，对企业新产品的设计速度，以及企业寻源、采购和上市的时间要求更加严格；供应中断及供应商合规风险管理，影响着企业订单履行、社会声誉和品牌价值……这些都成了制约制造业企业可持续发展的关键因素。

另外，许多有条件的制造业企业虽然已将设备更新为自动化设备，似乎大大提高了劳动生产率，解决了劳动力成本压力日益增大的问题，但是，由于没有考虑与供应链协同的同步发展，供应链管理粗糙落后，因此效率提升和成本降低离理想目标相去甚远。如何加强供应链协同管理，实现供应链上下游业务可持续发展，也成为各大制造业企业亟待攻克的难题。

卫岗乳业采购精细化管理要求日益提高

南京卫岗乳业有限公司（以下简称“卫岗乳业”）始于1928年，其前身是宋庆龄、宋美龄姐妹共同创建的国民革命军遗族学校实验牧场。历经90多年的传承创新，卫岗乳业现已成为国家农业产业化重点龙头企业、中国食品百强企业、江苏省先进乳品生产企业，卫岗牛奶成为中国优质农产品、江苏省名牌产品。

作为大型乳品生产制造型企业，卫岗乳业拥有6 600+家供应商，数十家分子公司，数十万料件，同时拥有ERP、办公自动化（OA）等多个信息系统。一直以来，卫岗乳业企业采购痛点主要表现为以下几点：

（1）企业采购成本控制和议价能力提升受到制约；

（2）信息断层，增加业务风险；

（3）采购效率和寻源范围受到制约；

（4）供应商优化、开发范围有限，没有形成有效的良性竞争；

（5）供应商管理精细化水平有待提升。

卫岗乳业经营水平不断提升，对管理的精细化要求也随之提高。如何有效控制生产原材料成本、如何利用品牌优势开展集采活动、如何提高市场议价能力、如何通过有效管理实现企业经营成本降低等，成为企业日益关注的重点。

借力旺采网，打造全面开放的电子招采平台

卫岗集团采购品类丰富，除了牧草、兽药、生奶、奶粉等生产类原料采购，还包括促销品、助成物、基建类、服务类、设备类等非生产型原料采购，富含建码类物料和非建码类临时物料，业务需求十分庞大。卫岗乳业希望采购平台并不是孤立的一个系统，而是能够与其已有的外部系统，包括ERP、客商等，全线打通，从而形成卫岗开放的平台生态。

旺采网通过本地化部署模式，为卫岗乳业打造全方位满足其采购需求、开放式的电子化招采平台，建设内容主要有以下几个方面。

1. 构建完整的集团采购体系

从项目立项、采购申请单、采购预案、供应商准入管理、询价、竞价、招标、拍卖、合同管理、核价管理、采购订单、物资超市，以及ERP入库、发票、付款、信息对接、供应商评价、供应商退出与奖励等方面进行建设和完善，补充目前ERP应用的不足，从而构建完整的内部采购追溯体系。

2. 建立完善的供应商管理与考核机制

(1) 为企业提供了采购信息及相关政策法规对外发布的平台，寻源范围不断扩大，持续吸引供应商主动注册，逐步掌握更多供应商信息；

(2) 为供应商提供了线上互动平台，供应商可通过系统查看下单信息，并对订单信息进行线上确认，采供双方历史交易记录一目了然；

(3) 从供应商准入、交易、考评、奖惩、汰换等方面构建供应商全生命周期管理体系，通过健康的汰换机制，培育一批质优、价廉、履约能力强的战略供应商，提升卫岗乳业在供应链中的影响力和话语权。

3. 实现招标采购全流程电子化

实现招采的深化应用，通过询价、竞价、全流程线上招标、物资超市等不同的采购方式逐步实现整个集团所有采购方式电子化。

4. 逐渐实现对外全面开放，打造行业级采购平台

内部建设完成后可逐步实现对外开放，可对外部企业开放独立门户，外部企业能够通过平台管理自己的供应商，开展询价、竞价、招投标等采购工作，打造乳制品行业级采购平台，构建良性的采购生态。

资料来源：佚名. 卫岗乳业：加速企业数字化转型，让采购更高效.（2019-11-05）[2021-05-02]. http://www.chinawuliu.com.cn/zixun/201911/05/345104.shtml.

案例思考：

1. 传统企业的采购管理中存在哪些问题？
2. 采购管理的重要性体现在哪些方面？
3. 卫岗乳业的采购管理是如何升级的？

一、采购与采购管理

（一）采购的概念

一般认为，采购是指组织或个人基于生产、销售、消费等目的，以各种不同的途径，包括购买、租赁、借贷、交换等方式，取得物品及劳务的使用权或所有权，以满足使用的需求的活动。

在企业经济管理活动中，采购是指企业在一定的条件下从供应市场获取产品或服务作为企业资源，以保证企业生产及经营活动正常开展的一项企业经营活动。

采购的概念可以从以下三个方面来理解。

采购的地位

1. 采购是从资源市场获取资源的过程

资源市场由能够提供这些资源的供应商组成。企业所需的资源既包括生活资料，也包括生产资料；既包括物质资源，也包括非物质资源；既包括商品资源，也包括劳动力、资本、服务等要素资源。

2. 采购是商流和物流的统一

商流是资源的所有权或使用权从供应商转移到用户手中，主要通过商品交易、等价交换来实现；物流是资源的物质实体从供应商转移到用户手中，通过运输、仓储等物流活动来实现。采购是这两方面的完整结合，缺一不可。

3. 采购是一种经济活动，既有经济效益，也要发生成本

科学的采购和管理就是要在效益和成本之间达到最佳平衡。因此，要重视采购决策，采购决策的内容除市场资源调查、市场变化信息的采集和反馈、供货商家选择等外，更重要的是决定进货批量、进货时间，从而使企业在生产不受影响的同时，有效降低成本。

（二）采购管理的概念

采购管理是指为了达成生产或销售计划，从适当的供应商那里，在确保质量的前提下，在适当的时间，以适当的价格，购入适当数量的商品所采取的一系列管理活动。而供应管理是指为了保质、保量、经济、及时地供应生产经营所需要的各种物品，对采购、储存、供料等一系列供应过程进行计划、组织、协调和控制，以保证企业经营目标的实现。

二、采购管理的重要性

无论是什么性质的企业，生产经营所需要的各种物资都不可能完全自给自足，企业运作所需的各种原材料、设备等必须依靠采购来获得满足。

（1）从价值角度来看，采购对企业的成本和利润有着极大的影响。采购成本是企业成本控制中的主体和核心部分。对于典型的制造型企业来说，采购成本（包括原材料和零部件）要占产品总成本的40%～60%。良好的采购管理将直接增加企业的利润。

（2）从质量角度来看，通过采购，企业可以将质量管理延伸到供应商，借以提高自身产品的质量水平。质量是产品的生命。一般企业都会按照质量控制的程序将其划分为来货质量控制、过程质量控制及出货质量控制。由于产品价值中60%的部分是经采购由供应商提供的，所以企业产品质量不仅要在企业内部进行控制，更多的应控制在供应商的质量管理过程中，这也是上游质量控制的体现。

（3）从供应链供应关系的角度来看，为了实现供应链利益最大化和企业间利益的双赢，供应链关系强调信息共享以及建立战略合作伙伴关系。采购在供应链关系中发

挥着不可或缺的作用。任何企业的最终目的都是满足客户的需求并获得最大的利润。企业要获取较大的利润需要采取很多措施，如降低管理费用、提高工作效率、加快物流和信息的流动等。因此，企业可充分发挥采购管理的主导作用，通过选择恰当的供应商，同时将供应商纳入自身的生产经营过程，将其作为供应链合作伙伴，实现供应链价值最大化。

采购管理认知

任务二 传统的采购管理

案例导入

华为2018年芯片采购支出剧增45% 成全球第三大芯片买家

北京时间2019年2月11日上午消息，市场研究公司高德纳（Gartner）的最新数据显示，华为去年半导体采购支出增加45%，成为全球第三大芯片买家。

根据Gartner的测算，华为2018年半导体采购支出超过210亿美元，全球排名超过戴尔。但戴尔本身的芯片采购额也增长27%。

虽然华为在欧美国家面临一些阻力，但该公司却逐渐成为芯片企业的重要客户。

除华为之外，其他中国企业的芯片采购金额也在增加，共有四家中国公司跻身全球十大芯片采购商之列，分别是华为、联想、小米和步步高（旗下拥有vivo和OPPO）。

三星和苹果仍是去年全球排名前两位的芯片买家，合并市场份额为17.9%。这两家智能手机巨头自2012年以来一直占据全球半导体买家排行榜的前两位，它们2017年的总份额达到19.5%。

整体而言，得益于PC和智能手机市场的持续整合，排名前十的芯片买家2018年的全球市场份额为40.2%，高于2017年的39.4%。Gartner预计，这一趋势还将持续下去。

排名前十的半导体芯片买家合并市场份额越来越高，芯片厂商的科技产品营销人员必须将他们的多数资源都分配给排名前十的潜在客户。

资料来源：万联网. 华为2018年芯片采购支出剧增45% 成全球第三大芯片买家.（2019-02-12）[2021-05-02]. http://www.chinawuliu.com.cn/zixun/201902/12/338432.shtml.

案例思考：

1. 全球有哪些芯片供应商？
2. 芯片采购对华为有哪些重要性？

一、传统的采购过程

在传统的采购过程中，企业和供应商是相互独立的，它们之间不能很好地进行协调，竞争多于合作。传统的采购一般要经过选择供应商、提出申请、编制计划、签订合同、收到货物、验收入库、支付货款等一系列的活动，如图 4-1 所示。

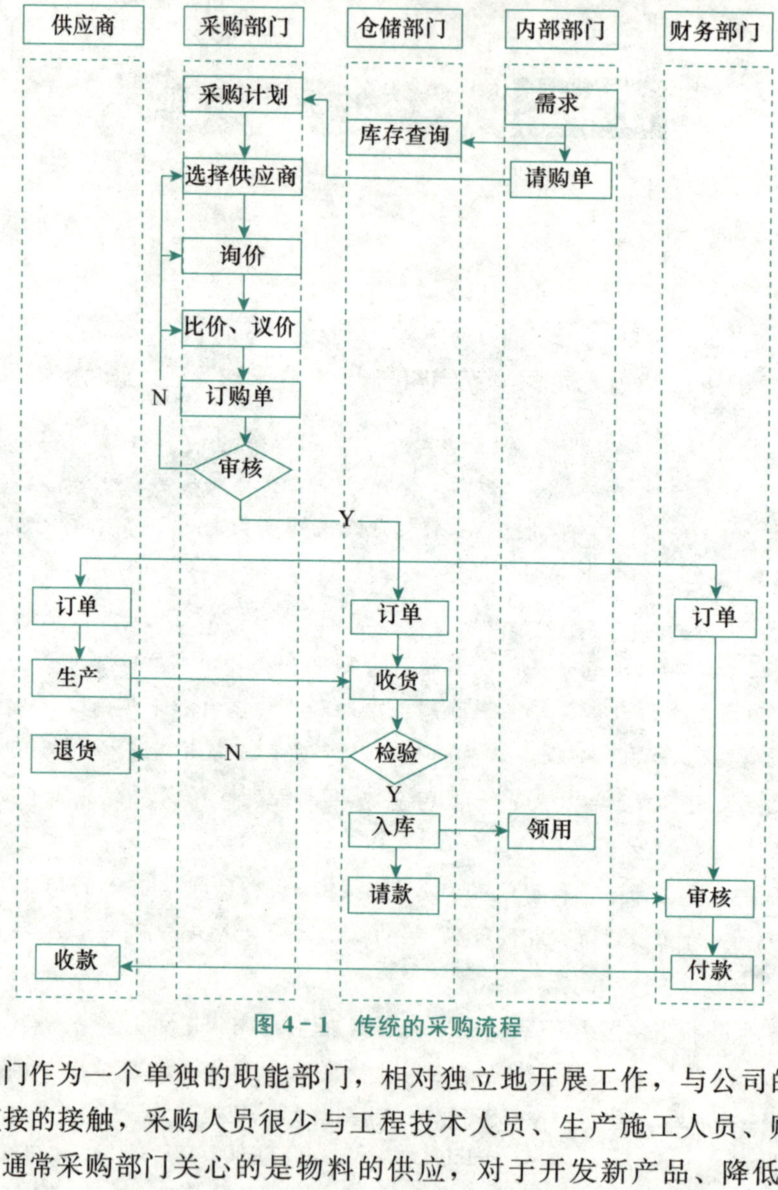

图 4-1　传统的采购流程

采购部门作为一个单独的职能部门，相对独立地开展工作，与公司的其他部门很少进行直接的接触，采购人员很少与工程技术人员、生产施工人员、财务人员等进行沟通，通常采购部门关心的是物料的供应，对于开发新产品、降低生产成本、改善产品品质则缺乏必要的关心和参与，造成采购效率低下、采购的周期比较长等问题。

在传统的采购过程中，采购部门要完成的工作内容如下。

（一）采购计划的制订

采购计划是指采购管理人员在了解市场供求情况、掌握物料消耗规律的基础上对计划期内物料采购管理活动所做的预见性的安排和部署；或根据生产部门或其他使用部门的计划制订的包括采购物料、采购数量、需求日期等内容的计划表格。

（二）供应商的选择

供应商的选择是采购部门的一项重要工作。在选择供应商时，应考虑的主要内容包括：供货期、价格、质量、服务、位置、信誉、柔性等。

（三）采购价格的制定

采购价格的确定通常要经过多渠道询价、比价、估价、议价等几个步骤，大量采购可采用竞标的方法。同时，采购不仅仅涉及价格问题，还有质量问题、交货时间与批量问题、包装与运输方式问题、售后服务问题等。采购部门需要综合权衡利弊，避免只图价格便宜，而在其他方面损失很大。

（四）采购订单的签发

签发采购订单必须十分仔细，每项条款都认真填写，关键处的用词需反复推敲，表达要简洁，含义要明确。对于采购的每项物品的规格、数量、价格、质量标准、交货时间与地点、包装标准、运输方式、检验形式、索赔条件与标准等都应该一一审定。

（五）采购订单的跟踪

采购订单的跟踪是为了防止发生对方违约的事件，保证订单顺利执行，货物按时进库，随时掌握货物动向，以便及时采取措施，避免不必要的损失，或将损失减小到最低水平。

（六）货物的验收与保管

货物运到自己的仓库必须马上组织人员对货物进行验收，验收应该按订单上的条款逐条进行，仔细查对。除此以外，还要查对货损情况，如货损超标，要查明原因，分清责任，为提出索赔提供证据。货物验收完毕才能签字认可。

（七）货款的支付

支付货款以前必须查对支付发票与验收的货物清单是否一致，确认没有差错以后才能签字付款。

二、传统采购的缺点

在传统的采购方式下，采购方想方设法以最低的价格买到所需的物料，买卖双方围绕着采购品讨价还价，采购活动表现为典型的非信息对称博弈过程，采购方和供应商之间形成的是“零和”的竞争关系。同时，市场环境不断变化，使企业的销售和生产也随之变化。但由于采购方和供应商之间的独立竞争关系，造成生产计划与生产实际之间的偏差，因而也就带来了物资采购计划与实际需要量之间的差距，这种差距可能是库存的积压，也可能是库存物料的短缺。

（一）传统采购过程是一个信息私有化的过程

选择供应商在传统采购中是首要任务。在采购活动中，因为给供应商提供的信息越多，供应商的竞争筹码就越大，对采购方不利，所以，采购方为了能从众多竞争性的供应商中选择一个最佳的供应商，往往会保留一些私有信息。而供应商在与其他供应商竞争时，也会隐瞒自己的信息。这样一来，采购和供应双方都不能有效地进行信息共享互存，导致信息不对称，引发相互的不信任。

（二）采购部门对质量和交货期的检查都是事后把关

在传统的采购模式下，采购方基本无法参与到供应商的生产过程和相关的质量控制活动中来，双方的工作既不透明也无法做到有效沟通。因此，采购部门难以对采购品进行实时的跟踪查询。

（三）供需关系是临时的或短时期的合作关系

在传统的采购模式中，供应方与需求方之间无法达成长期的战略伙伴关系，而是一种临时或短时的合作。由于缺乏相互合作和沟通协调，在采购过程中就会出现相互推诿和抱怨，双方没有更多的精力来筹谋工作，可想而知，采购的质量和效率势必下降。

（四）缺乏快速响应用户需求的能力

供应与采购双方在信息沟通方面缺乏及时的信息反馈，导致采购方在生产需求减少时库存增加，在生产需求增加时又出现供不应求的现象。在市场需求骤变时，供需之间对用户的需求无法积极响应，因此缺乏应付市场变化的能力。

任务三 供应链下的采购和采购管理

案例导入

大数据驱动联合利华供应链

消费者从超市货架上取走一瓶联合利华生产的洗发水对联合利华（中国）来说，就意味着它的1 500家供应商、25.3万平方米的生产基地、9个区域分仓、300个零售商和经销商都因此而受到牵动。它的一头连接着来自全球的1 500家供应商，另一头则是包括沃尔玛、乐购、屈臣氏和麦德龙等在内的总共约300个零售商与经销商所提供的超过8万个销售终端。

1. 深度数据挖掘与需求分析

不同于家电、汽车等耐用消费品比较容易预测消费趋势和周期，快速消费品行业由于其消费者的购买频次更高，消费结构更为复杂，以及销售过程中充满了不确定性，企业较难对它做出需求预测。最让人头疼的情况是大客户采购，这种情况可能使超市的现有库存顷刻间耗尽。为了避免类似的手忙脚乱，又不想增加库存加大成本，更不想丢失客户，联合利华需要准确地预测未来的销售情况。每天，分散在全国各地的业务人员巡店后，将销售数据输入到一个手持终端，源源不断地把销售情况汇总到公司的中心数据库里；与此同时，直接与公司总部数据库对接的诸如沃尔玛POS机系统和经销商的库存系统等，将店里的销售和库存数据及时反映到公司的中心数据库中。因此，不论是上海中国总部还是伦敦全球总部的管理人员，都能了解到中国超过1万家的零售门店在任何一天内的销售情况和业务数据。

2. 全球协同采购

2002年，公司在上海成立了全球采购中心，从中国向全球出口原料及成品，这里生产的牙膏最远销售到智利。如今中国的供应商总数规模已达到1 500家左右。利用大数据与业务分析，一些能够同时提高合作方效率的合作会在这里展开：一些在内部被评定为A级的供应商被视作战略合作伙伴，它们为生产提供定制化的材料，而公司的设计与研发人员也对供应商的设备、流程等十分熟悉，双方在很早期就针对一款新产品开始合作，联合利华从技术方面对供应商提供指导。

3. 高效协同生产

每当商品售出时，生产部门就要和计划部门对接，对售出产品的数据做出响应。根据售出产品的相关数据，生产计划经理进行分析并做出决策。除了通过需求计划经理得到需求预测，他还必须获得其他业务信息，例如通过采购团队掌握所有供应商的交货能力，通过工厂负责人了解目前生产线上的实际产能，等等。然后，将这些信息汇集在一起统筹分析，预测下一段时期内的产能供应水平。

根据这些大数据，工厂最终制定出生产安排，指挥一个年产值为140亿元的生产系统在每一周、每一天里如何调度它的每一家工厂、每一条生产线按照速度和专长的不同安排生产（仅洗发水生产线就有十多条），以尽可能达到产能最大化，满足全国各地甚至世界其他地区不断增长的购买需求。

4. 渠道供应链管理，赢在货架

联合利华在全国设有9个销售大区，首先成品从合肥生产基地的总仓发往上海、广州、北京、沈阳、成都等9个城市的区域分仓。为了保证商品能够准时到达最终的货架，分销资源计划员既要规划路线，又要考虑库存成本和各条运输线上波动的运输能力。比如，春节是联合利华产品的销售旺季，而临近春节时往西方向的铁路线会很拥挤，公路运输也比较忙，此外还要考虑很多运输过程中临时的突发状况。因此，必须有充足的数据进行详细周密的分析，并与其他业务部门协商，做出例如“规划如何在西区提前建立库存”等的决策。

资料来源：佚名. 大数据驱动联合利华供应链. (2018-07-13)[2021-05-02]. https://www.sohu.com/a/240980349_100190530.

案例思考：

1. 什么是供应链下的采购管理?
2. 联合利华是怎么开展供应链下的采购管理的?

采购的基本任务

一、供应链下的采购

在供应链环境下，采购的含义更广泛，供应链下的采购是指处于供应链条件下的企业，以下游客户多样化需求为导向，从外部供应商处获取物资、服务、技术、能力、知识等有利资源来提升自身核心竞争力的过程。这是一个企业内、外部资源整合的过程，体现了供应链环境下资源配置的本质要求，有利于合作企业之间合作伙伴关系的发展，也有利于企业互惠共赢目的的实现，如图 4-2 所示。

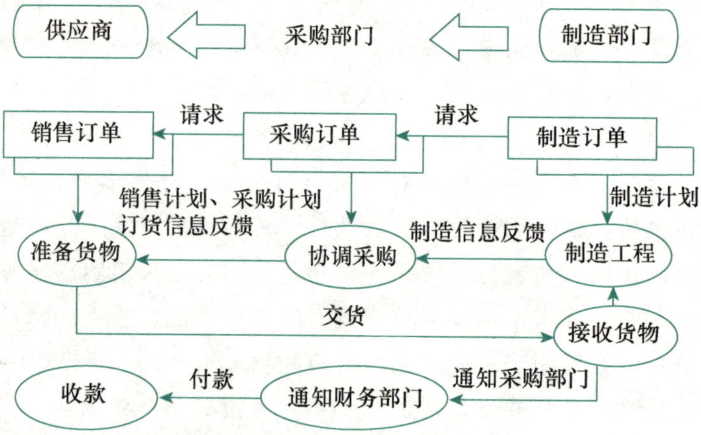

图 4-2　供应链下的采购模式

供应链下的采购与传统的采购相比，物资供需关系没变，采购的概念没变，但是由于供应链各个企业之间是一种战略伙伴关系，采购是在一种友好合作的环境中进行的，所以采购的观念和采购的操作都发生了很大变化，供应链下的采购简化了采购业务流程，大幅度地提高了采购的效率，降低了采购的成本。

在供应链下，企业对于供应商不再是一味强迫其做出让步，或寻找多个供应商并采取分而治之的方式，而是逐步减少供应商的数量，致力于与供应商建立一种长期的、互利互惠的合作关系。供应链下的采购具

采购流程

有以下优势：双方通过公开价格与成本构成，不断降低成本，缩短了供应商的供应周期，提高了供应的灵活性；以工作流为中心，取代了以职能为中心，突破了部门界限，消除了各部门的本位主义；形成了工作流高效的共同体，降低了企业的原材料、零部件的库存水平；降低了管理费用，加快了资金周转，增加了供货稳定性；在质量方面，由于供应商的数量少而且企业可以参与到供应商的生产组织过程和有关质量控制过程中，对采购的产品进行事中控制，甚至是事前控制，原材料和零部件等的质量得到了很好的保证，从而省去了一系列的检验过程；与供应商沟通的加强，改善了订单的处理过程，提高了材料需求的准确性，共享了供应商的技术和革新成果；与供应商建立技术联盟，缩减了新产品的开发成本和时间。

二、供应链下的采购管理

供应链下的采购管理如图 4－3 所示，主要具有以下特点。

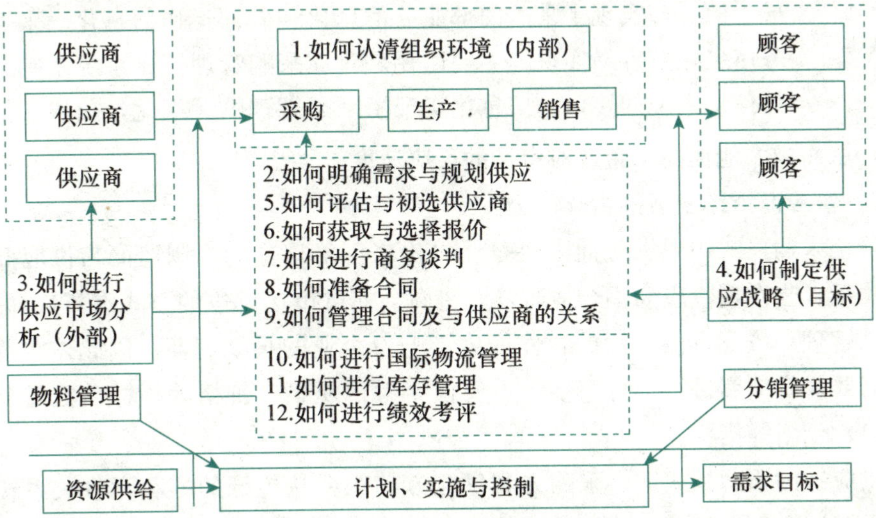

图 4－3 供应链下的采购管理

（一）以外部资源管理为工作重心

供应链管理思想强调协调性、集成性、同步性，要求提高采购的柔性和市场响应能力，增加与供应商的信息联系和相互之间的合作，建立新的供需模式。由此，采购工作的重点转变为实现有效的外部资源管理，包括：形成相对稳定的、多层次的供应商网络，建立供应商数据库系统；为供应商提供教育培训支持；参与供应商的产品设计和质量控制；制定供应商评价与激励制度。

（二）面向过程的采购管理

由于分工过细，传统的采购管理在信息沟通上存在明显的问题。而供应链管理中贯穿的是一种过程管理的思想，这种思想要求将企业内部以及节点企业之间的各种业务看作一个整体功能过程，形成集成化供应链管理体系。供应链条件下的采购管理以采购的过程为管理对象，通过对过程中的资金流、物流和信息流的统一控制，达到采购过程总成本和总效率的最优匹配。

（三）与上游供应商双赢的伙伴关系

在传统条件下，企业与供应商之间是简单的买卖关系。而在供应链环境下，双赢伙伴关系成为采购管理中企业与供应商之间关系的典范。它表现为制造商对供应商给予协助，帮助供应商降低成本、改进质量、加快产品开发进度；通过建立相互信任的关系，提高效率，降低交易费用；长期的信任合同取代短期的合同和比较多的信息交流。

电子采购

（四）电子商务下的信息化采购

供应链管理之所以区别于传统意义的管理而成为电子商务时代全新的概念，其中一个重要的原因是它以信息技术为手段，以信息资源的集成为前提，实现了采购内部业务信息化和外部运作信息化。采购内部业务信息化较容易实现，主要途径是建立采购管理信息系统及其与财务会计信息系统的接口。信息化实现了采购管理的无纸化，加快了信息传递的速度，从而极大地提高了企业对市场的反应速度。

（五）供应商持续发展的合作能力

在传统采购模式中，供应商主要是通过价格竞争选择的，制造商与供应商是短期的交易关系。当发现供应商不合适时，制造商会通过市场竞争的方式重新选择供应商。在供应链管理环境下，供应商的合作能力影响着企业的长期利益，因此，在选择供应商时，需要对供应商进行综合评估，不仅仅要考虑质量、价格等指标，更需要考虑技术、能力、创新等指标。

在供应链的采购模式下，采购方和供应方的关系从传统的零和竞争关系转变为完全的“无缝”合作关系，与传统采购管理相比，二者在采购方式、合作方式、库存管理等方面，都有很大的区别，如表 4 - 1 所示。

表 4 - 1　供应链下的采购管理与传统采购管理的比较

项目	供应链下的采购管理	传统采购管理
基本性质	是供应链战略中一个重要的过程	仅仅是一种职能
采购的目的	基于需求的采购	基于库存的采购
采购方式	供应方主动型、需求方无采购操作的采购方式	需求方主动型、需求方全采购操作的采购方式
供应双方关系	合作型采购	对抗型采购
采购环境	友好合作环境	对抗性竞争环境
信息关系	信息传输、信息共享	信息不通、信息保密
库存关系	供应商掌握库存	需求方掌握库存

续表

项目	供应链下的采购管理	传统采购管理
库存方式	需求方可以不设仓库、零库存	需求方设立仓库、高库存
送货方式	供应商小批量多频次连续补充货物	供应商大批量少频次进货
双方关系	供需双方关系友好	供需双方关系敌对
责任和利益	责任共担、利益共享、协调性配合	责任自负、利益独享、互斥性竞争
货检工作	免检	严格检查

三、供应链下的 JIT 采购

JIT（Just in Time）生产方式，又称作无库存生产方式采购，或准时制采购。在这种生产方式下，企业是与少数供应商结成固定关系，甚至是单源供应。但是在实际运作中，为了防止单源供应导致竞争力弱化，或因意外原因产生生产停滞，一般都是采用数个供应商作为采购源，以加强供应商之间的竞争，促进其能力的不断提高。

（一）JIT 采购的特点

1. 减少供应商的数量

JIT 的思想是要尽量减少单个产品或者原材料的供应商的数量，这样有利于企业对供应商的管理和考核。

2. 小批量采购

由于 JIT 采购旨在消除原材料的库存，采购必然是小批量的，采购批量小有利于企业降低库存成本。

3. 合理选择供应商

JIT 采购采取精益供应，可以说，能否选到合格的供应商是 JIT 采购能否成功实施的关键。在选择供应商时，需要对供应商按照一定标准进行综合评价，这些标准应包括产品质量、交货期、价格、技术能力、应变能力、批量柔性、交货期与价格的均衡、价格与批量的均衡、地理位置等。

4. 对交货的准时性要求更加严格

JIT 采购的一个重要特点是要求交货准时，这是实施准时化生产的前提条件。交货是否准时取决于供应商的生产与运输条件。

5. 从根源上保障采购质量

实施 JIT 采购后，企业的原材料和外购件的库存很少甚至为零。因此，为了保障企业生产经营的顺利进行，采购物资的质量必须从根源上抓起，也就是说，质量问题应由供应商负责，而不是企业的物资采购部门负责。这就从根源上保障了采购质量。

6. 对信息交流的需求加强

JIT 采购要求供应与需求双方信息高度共享，保证供应与需求信息的准确性和实时性。只有供需双方进行可靠而快速的双向信息交流，才能保证所需的原材料和外购件的准时按量供应。

7. 可靠的送货和特定的包装要求

由于JIT采购消除了原材料和外购件的缓冲库存，供应商交货的失误和送货的延迟必将导致企业生产线的停工待料。因此，可靠的送货是实施JIT采购的前提条件。而送货的可靠性，常取决于供应商的生产能力、运输条件和应变能力。此外，JIT采购对原材料和外购件的包装也提出了特定的要求。对每一种原材料和外购件，采用标准规格且可重复使用的容器包装，既可提高运输效率，又能保证交货的准确性。

（二）JIT采购的实施步骤

1. 建立准时化采购班组

专业化的高素质采购队伍对实施准时化采购至关重要。为此，首先应成立两个班组：一个是专门处理供应商事务的班组，另一个是专门从事消除采购过程中的浪费的班组。

2. 制订计划，确保准时化采购策略有计划、有步骤地实施

要制定采购策略，以及改进当前采购方式的措施，如减少供应商的数量、正确评价供应商、向供应商发放签证等。在这个过程中，要与供应商一起商定准时化采购的目标和有关措施，保持经常性的信息沟通。

3. 精选少数供应商，建立伙伴关系

选择供应商应从以下几个方面考虑：产品质量、供货情况、应变能力、地理位置、企业规模、财务状况、技术能力、价格、可替代性等。

4. 进行试点工作

先从某种产品或某条生产线试点开始，进行零部件或原材料的准时化供应试点。通过试点，总结经验，为正式实施准时化采购打下基础。

5. 做好供应商的培训，确定共同目标

准时化采购是供需双方共同的业务活动，单靠采购部门的努力是不够的，还需要供应商的配合。

6. 向供应商颁发产品免检合格证书

准时化采购和传统采购方式的不同之处在于买方不需要对采购产品进行比较多的检验程序。

7. 实现配合准时化生产的交货方式

准时化采购的最终目标是实现企业的准时化生产，因此，要实现从预测的交货方式向准时化适时交货方式的转变。

8. 继续改进，扩大成果

准时化采购是一个不断完善和改进的过程，需要在实施过程中不断总结经验教训，从而降低运输成本，提高交货的准确性和产品的质量，降低供应商库存，不断提高准时化采购的运作绩效。

JIT采购

思考练习

1. 什么是采购与采购管理？
2. 供应链下的采购与传统采购有何区别？
3. 供应链下的采购管理有哪些特点？
4. 什么是准时制采购？供应链下的准时制采购有哪些特点？
5. 准时制采购的实施步骤有哪些？

技能训练

南京长安民生住久物流有限公司——智能供应链系统

南京长安民生住久物流有限公司（以下简称“公司”）是一家新型的现代化第三方物流企业，公司以“2025 愿景”为指引，以快速有效地响应客户需求为中心，以“四个十”的技术创新为引领，提出科技引领、技术创新、打造企业核心竞争力的技术创新的战略目标，依托一整套技术标准体系，着力打造三大工作平台（技术管理、技术研发、技术应用），形成三大产品力（技术标准、技术方案、研发成果）；支撑和引领“四大业务板块”（整车物流、零部件物流、调达物流、国际货运）快速有效发展，有效支撑公司战略目标的全面实现。

一、供应链环节的系统现状及背景

供应链环节目前已有系统的具体状况如下：

(1) 工厂通过订单系统向供应商发送订单、标签、交付单相关信息。

(2) 公司通过可视化管理系统，如 STR 物流在途可视化系统、调度系统、GIS 物流地理信息系统、WMS 仓库管理系统、CMS 容器周转管理系统，可追踪循环取货零件的在途信息，但追踪的信息比较局限，无法追踪到具体的在途数量信息。智能供应链系统可实现对入库后零件的在库管理及入主机厂的调度管理，但无法管控自送零件相关在途及入厂信息。且各系统独立运行，数据无法整合，信息获取效率低，且数据未与供应商、主机厂实现共享。

供应链环节目前系统缺失状况及问题点如下：

(1) 供应商备货出货核对环节系统管理缺失，无法实现信息共享及追溯，异常风险无法及时识别，对供应商库存无监控，存在库存呆滞的风险；同时人工核对效率低下，存在较大的人力成本的浪费，且准确率较低，易出现未严格按照订单要求进行备货，订单错发、漏发的风险。

(2) 自送零件在途追踪及入厂管控系统缺失，无法实现订单在途及交付状态的跟踪，取货供应商系统在途追踪信息不精确，且信息未能与供应商、主机厂共享，导致零件交付风险无法及时识别，交付状态无法全程高效追溯。

（3）入厂纳入环节外协件收货系统管理缺失，人工收货存在较大的人力成本的浪费，同时操作准确率低，影响到零件的财务结算。

（4）零件入厂纳入上架系统管理缺失，存在零件上架错误及由此带来的质量风险，且库存不足系统预警功能缺失，缺件风险无法及时识别，存在缺件影响生产的风险。

（5）收货故障系统管理缺失，人工管理存在较大的人力成本的浪费，且处理效率低下，周期长。

（6）缺件管理系统支持缺失，人工分析效率低、周期长，易引起不必要的额外紧急拉动费用。

（7）容器周转台账由人工管理，容器周转状态跟踪效率低，交接责任不清晰，容器损耗率高。

二、信息化进程中遇到的主要困难、问题与解决措施以及推进步骤

现有供应商、物流商、主机厂等整个供应链业务过程相关环节系统管理缺失，未实现整体过程的信息化、可视化，无法实现物流状态全程追溯，影响异常风险的及时识别及应对，造成库存及物流成本浪费，运营效率、准确性低，直接影响供应链的精益管理。我们启动该项目是站在整条供应链的层面上，通过可视化平台，将供应链的前端、中端、末端各个环节，以及各环节参与的各个主体之间链接起来，实现整条供应链的高度协同和信息高度共享。

供应链管理过程中一个极大的痛点就是信息闭塞导致供应链上下游之间协同不足，从而产生极大的人力、物力等资源的浪费。因此，在该项目中，我们通过订单管理系统、运输管理系统、仓储管理系统、在途监控系统、预约交付系统、收货系统、制造执行管理系统，以及开发标准 API 接口将供应链的上下游链接起来，系统可实时查看供应商备发货情况、车辆及零件在途情况、入厂物流交付情况、厂内库存及缺件计算，以及各仓库库存情况。

三、信息化主要效益分析与评估

1. 信息化实施前后的效益指标对比、分析

通过智能供应链平台系统打通整条供应链，实现供应链物流状态可视化及全程追溯，多方协同降低供应风险，提升供应链响应速度，消除供应链库存呆滞，提升作业效率及准确性，减少物流成本浪费。

（1）通过信息可视化，多方协同，增强生产保障及柔性应对，提升供应链响应速度，有效降低停线风险。

（2）通过业务操作信息化，提升供应链整体效率及作业准确性，节约人力3～5人。

（3）提高供应链整体运营效率及作业准确性，快速精准地应对来自各环节的风险及变化，消除各环节浪费：包装损耗降低 20%，零件账实相符率提升、盘点精度提升，库存盘亏率降低约 50%。

2. 信息化实施对企业业务流程改造与创新模式的影响

基于智能供应链平台的运用，通过大数据分析，实现各节点异常状态预警可视化、自动化。

（1）通过供应商、物流商、主机厂等相关操作环节系统预警信息报表，提升风险应对的响应速度和效率。

（2）通过各环节操作节点及时性报表的统计，提升供应链响应速度，推进风险预防及持续改善。

四、信息化实施过程中的主要体会、经验与教训及推广意义

该项目的落地，实现了供应链点对点的全程可视透明，使原先割裂、断链的供应链服务更加智能互联。对于入场物流来说，其各个方面都得到了提升；此外，全程信息实时共享有效地提升了异常处理的及时性，促进了人员结构优化和人员效率提升。对于厂内物流来说，前端信息实时更新，有利于资源的高效配置、合理利用；此外，该项目利用系统沉淀数据进行多维度分析，挖掘数据价值，辅助团队的操作管理，为管理层决策提供数据依据，对于整条供应链效率的提升和持续改善具有重大的意义。

资料来源：佚名．南京长安民生住久物流有限公司：智能供应链系统．(2021-02-25)[2021-05-02]. http://www.chinawuliu.com.cn/xsyj/202102/25/542084.shtml.

一、实训名称

南京长安民生住久物流公司的智能供应链系统。

二、实训目标

通过案例，了解和掌握供应链下的采购管理的内容、流程。

三、实训内容

1. 南京长安民生住久物流公司的智能供应链系统的特点是什么？
2. 我们从这个案例中能获得什么启示？

项目五

供应链下的生产管理

知识目标

1. 了解什么是生产管理
2. 了解供应链下生产管理的特点
3. 掌握供应链下的生产计划与控制

技能目标

1. 能够进行生产企业物流成本分析
2. 掌握并能够使用 MRP 方法

任务一 生产管理认知

案例导入

方大萍安钢铁内部倒运生产物流费用 1～11 月同比下降 1 085 万元

内部倒运生产物流费用是影响生产制造成本的一项重要指标，进入 2020 年以来，方大萍安钢铁在内部倒运生产物流方面，不断拓宽创效空间，加强精细化管理，强化信息联动，2020 年 1～11 月，此项费用较去年同比下降 1 085 万元。其中外委物流费用较去年降低 0.4 元/吨材。

紧紧围绕服务主体、挖潜创效的目标，2020 年年初，萍安钢铁物流运输部主动出击，制定了挖潜创效方案，明确时间、目标和措施，按照“前有‘金山’，后有‘老虎’”的赛马机制，强化管理，助推各项工作上台阶、上水平。

面对上半年突如其来的疫情，为了确保内部倒运稳定顺行，该部及时调整管理思路，一方面加强自营车辆管理，提高自营车辆作业率和作业效率，减少外委车辆运输费用；合理优化货场布局，减少物料二次倒运，降低运输费用。另一方面强化信息联动，自主开发汽车调度信息化系统，对内部临时用车、请车采取扫码方式进行，既减少了人员聚集，又进一步提高了用车效率。与此同时，加强与生产单位及采购部门的信息沟通，密切关注汽车进厂动态，确保均衡进厂增加直供量，减少物料二次倒运。另外，鼓励各单位通过小改小革优化物料运输方式，降低倒运运量、倒运频次，走“散料皮带化”“钢坯辊道化”运输途径，提高运行效率，降低内部倒运运输成本。

资料来源：黄许明. 方大萍安钢铁内部倒运生产物流费用1～11月同比下降1 085万元.（2020-12-15）[2021-05-02]. http://www.jx.chinanews.com/news/2020/1215/44595.html.

案例思考：

1. 什么是企业生产物流？
2. 怎样才能降低企业生产物流成本？

一、生产管理的概念

（一）生产的含义和特征

生产活动是一个价值增值的过程，是指一个社会组织向社会提供“有用”产品的过程。“有用”产品既包括有形的物质产品，也包括无形的产品。生产具有以下几个特征：

（1）生产输出的产品都具有使用价值。生产的产品无论是有形还是无形的，必须有一定的使用价值。产品的使用价值是指它能够满足顾客某种需求的功效。需求因人而异，因时而异。

（2）有形产品和无形服务在物质形态、消费交换方式以及使用价值转化等方面具有不同的特点。

（二）生产管理的含义和内容

生产管理是对企业生产系统的设置和运行的各项管理工作的总称，又称生产控制。企业生产管理的目标是“在需要的时候，以适当的价格，向顾客提供具有适当质量的产品和服务”。生产管理的根本问题就是如何实现生产管理目标的问题。生产管理的内容包括以下三个方面。

1. 生产组织工作

即选择厂址、布置工厂、组织生产线、实行劳动定额和劳动组织、设置生产管理系统等。

2. 生产计划工作

即编制生产计划、生产技术准备计划和生产作业计划等。

3. 生产控制工作

即控制生产进度、生产库存、生产质量和生产成本等。

二、传统生产管理与供应链环境下生产管理的差距

传统的企业生产计划是以某个企业的物料需求为中心展开的，缺乏和供应商的协调，企业的计划制订不考虑供应商以及分销商的实际情况，不确定性对库存和服务水平影响较大，库存控制策略也难以发挥作用。而供应链上任何一个企业的生产和库存决策都会影响供应链上其他企业的决策，因此，一个企业的生产计划与库存优化控制不但要考虑某企业内部的业务流程，更要从供应链的整体出发，进行全面的优化控制，跳出以某个企业物料需求为中心的生产管理界限，充分了解用户需求并与供应商在经营上协调一致，实现信息的共享与集成，以顾客化的需求驱动顾客化的生产计划，获得柔性敏捷的市场响应能力。

供应链管理思想对企业管理的最大影响是对现行生产计划与控制模式的挑战，因为企业的经营活动是以顾客需求驱动的、以生产计划与控制活动为中心展开的，只有通过建立面向供应链管理的生产计划与控制系统，企业才能真正从传统的管理模式转向供应链管理模式。

（一）决策信息来源的差距

生产计划的制定要依据一定的决策信息，即基础数据。在传统的生产计划决策模式中，计划决策的信息来自两个方面，一方面是需求信息，另一方面是资源信息。需求信息又来自两个方面，一方面是用户订单，另一方面是需求预测。通过对这两方面信息的综合，得到制订生产计划所需要的需求信息。资源信息则是指生产计划决策的约束条件。供应链管理环境下需求信息和企业资源的概念与传统生产管理中的概念是不同的。信息多源化是供应链环境下企业经营管理的主要特征，也是供应链环境下生产计划的一大特点。另外，在供应链环境下资源信息不仅仅来自企业内部，还来自供应商、分销商和用户，约束条件放宽了，资源的扩展使生产计划的优化空间扩大了。

（二）决策模式的差距

传统的生产计划决策模式是一种集中式决策，而供应链管理环境下的决策模式是分布式的群体决策过程。基于多代理的供应链系统是立体的网络，各个节点企业具有相同的地位，有本地数据库和领域知识库，在形成供应链时，各节点企业拥有暂时性的监视权和决策权，每个节点企业的生产计划决策都受到其他企业生产计划决策的影响，需要一种协调机制和冲突解决机制。当一个企业的生产计划发生改变时，其他企业的计划也要做出相应的改变，这样供应链才能获得同步化的响应。

（三）信息反馈机制的差距

要使企业的计划得到很好的贯彻执行，需要有效的监督控制机制作为保证。要进行有效的监督控制，必须建立一种信息反馈机制。传统的企业生产计划的信息反馈机制是一种链式反馈机制，形成和组织结构平行的信息递阶的传递模式。供应链环境下企业信息的传递模式和传统企业的信息传递模式不同。以团队工作为特征的多代理组织模式使供应链具有网络化结构特征，因此供应链管理模式是网络化管理。生产计划信息的传递不是沿着企业内部的递阶结构（权力结构）传递，而是沿着供应链不同的节点方向（网络结构）传递。为了实现供应链的同步化运作，供应链企业之间信息的交互频率也要比传统企业信息传递的频率大得多，因此应采用并行化信息传递模式。

（四）计划运行环境的差异

供应链管理的目的是使企业能够适应复杂多变的市场环境。复杂多变的环境增加了企业生产计划运行的不确定性和动态性因素，供应链下的生产计划就是在不稳定的运行环境下进行的，而且生产计划涉及的多是订单化生产，这种生产模式动态性更强。因此在供应链环境下，生产计划与控制要更多地考虑不确定性和动态性因素，使生产计划具有更高的柔性和敏捷性，使企业能对市场变化做出快速反应。

企业核心竞争力的构建与维护

任务二　供应链下生产管理的特点

案例导入

中都物流业务创新探索，释放供应链服务衍生价值

当前，汽车产业已经进入由高速增长期向成熟发展期过渡的新阶段，伴随内部产业链价值向上游零部件供应以及下游汽车后市场转移、行业利润率回落等行业发展现状，以及新型基础设施建设背景下智慧物流加快发展、物流＋多样化需求迸发等市场环境变化，包括传统汽车物流企业在内的汽车产业上下游企业均面临“变中求进”的发展挑战。

在“2020全国汽车物流年会”上，中都物流有限公司（以下简称“中都物流”）首次发表了题为“破圈思维·共创共赢释放供应链服务新动能”的主题演讲，正式开启了以突破传统汽车物流服务思维局限、探索汽车供应链服务衍生价值为目的的中都物流“破圈”行动。

中都物流由北汽集团所属北汽鹏龙、首钢集团所属首钢国际和北京中首正通物流有限公司于2008年共同成立，注册资金4.5亿元，是5A级物流企业、国家高新技术企业、3A级信用企业。公司是专注于汽车产业的智慧供应链解决方案提供商和供应链一体化服务商，业务覆盖整车物流、零部件物流、国际物流、物流金融等汽车物流全产业链，服务网点辐射全国。经过多年积淀，公司服务客群已遍布汽车产业上下游，年营收超过82亿元，连续多年入围中国物流与采购联合会评选的“中国物流企业50强”，2020年，罗戈研究发布的“中国合同物流50强”中，中都物流位列汽车物流领域第三名。

中都物流“破圈”行动是一次业务探索的新尝试，旨在顺应市场变化，走出发展舒适区，对内重构企业价值，勇于突破传统限制，以“破圈”思维发掘中都物流服务供应链衍生价值；对外拓展合作圈，积极尝试与合作伙伴共同构筑“车、货、平台＋服务”的泛物流生态圈。

智运货签——打造售后备件物流透明服务

聚焦售后备件物流，直击售后备件运输过程中因复杂的物流配送方案带来的物流过程透明度低、客户体验差等痛点问题，融合信息化、智能化技术，打造“智运货签”系统化产品，以期打造电商快递式的新型售后备件物流体验。

E-Control供应链管理平台——智能仓储管理探索

中都物流打造面向零部件仓储物流服务的“E-Control供应链管理平台”，功能涵盖仓储、调度、器具、结算、合同管理及统计分析等多模块，助力各行各业物流运输中小企业搭建业务系统化、智能化、精益化的全供应链智慧仓储管理平台，为传统物流服务注入科技活力。

魔方计划——制造企业物流系统建设的专属设计师

中都物流“魔方计划”是由中都物流专家团队倾心打造的、面向制造企业的物流体系定制化服务，汇集“入厂物流”“生产物流”“成品车物流”“售后市场物流”四大核心业务模块，依托十余年高端制造业品牌合作经验、专业的IT及实施管理团队、遍布全国的运输网络及超过20个多功能运营基地，用专业与实力诠释物流运营的精髓。

集中监控库——盘活存量资产，激发市场活力，拓宽物流服务复合价值

中都物流充分发挥自身物流业务的“桥梁”优势，拓展物流＋金融创新服务，依托集中监管库，一方面联通金融机构和下游经销商，通过“卫车士”智能监控系统、射频识别（RFID）自动盘点系统、手机智能盘库等系统辅助，构成了物流金融信息化管理集群，实现汽车金融质押业务操作线上运作系统，保障质押监管服务高效可靠；另一方面通过建设标准化集中监管库，为汽车销售端提供“化零为整”的集中仓储服务，即降低汽车流通过程中的仓储成本，又通过集中监管库的监管技术提供安全有保障的仓储管理。

随着社会经济的发展，物流行业的价值越来越凸显，中都物流将持续进行“破圈”行动，以破圈思维释放供应链服务新动能，全面推动供应链上下游企业的生态演进，重构以供应链节点为基础的生态共赢合作，加速供应链价值一体化进程，促进行业蓬勃发展。

资料来源：佚名. 中都物流业务创新探索，释放供应链服务衍生价值.（2020-10-31）[2021-05-02]. https://www.163.com/news/article/G4O4CTJP00019OH3.html.

案例思考：

1. 供应链理念下的生产管理有什么特点？
2. 供应链理念下的生产管理的重点是什么？

供应链是一个跨越多厂家、多部门的网络化组织，一个有效的供应链企业计划系统必须保证企业能快速响应市场需求。有效的供应链计划系统能集成企业所有的计划和决策业务，包括需求预测、库存计划、资源配置、设备管理、渠道优化、生产作业计划、物料需求与采购计划等。供应链以核心企业为龙头，把各个参与供应链的企业有效地组织起来，优化整个供应链的资源，以最低的成本和最快的速度生产出最好的产品，最快地满足用户需求，以达到快速响应市场和用户需求的目的，这是供应链企业计划最根本的目的和要求。

一、供应链下的生产计划

供应链环境下的生产计划与传统生产计划有显著不同，是因为在供应链环境下，与企业具有战略伙伴关系的其他企业的资源通过物资流、信息流和资金流的紧密合作而成为企业制造资源的拓展。在制订生产计划的过程中，企业主要面临着以下三个方面的问题。

（一）柔性约束

柔性实际上是对承诺的一种完善。承诺是企业对合作伙伴的保证，只有在这个基础上企业间才能具有基本的信任，合作伙伴也才能获得相对稳定的需求信息。承诺与柔性是供应合同签订的关键要素。在与上游企业的供应合同之中，上游企业除表达对自身所能承受的需求波动的估计外，还会表达对自身生产能力的权衡。可以认为，上游企业合同中反映的是相对于该下游企业的最优产量。之所以说是相对于该下游企业，是因为上游企业可能同时为多家企业提供产品。因此，下游企业在制订生产计划时应该尽量使需求与合同的承诺量接近，帮助供应企业达到最优产量。而对供应方而言，它是对自身所能承受的需求波动的估计。从本质上来说，供应合同使用有限的可预知的需求波动代替了可以预测但不可控制的需求波动。

下游企业的柔性对企业的计划产量造成的影响在于：企业必须选择一个在已知的需求波动下最为合理的产量。企业的产量不可能覆盖整个需求的变化区域，否则会造成不可避免的库存费用。在库存费用与缺货费用之间取得一个均衡点是确定产量的一个标准。

（二）生产进度

生产进度信息是企业检查生产计划执行状况的重要依据，也是滚动制订生产计划过程中用于修正原有计划和制订新计划的重要信息。

在供应链环境下，供应链上游企业通过了解对方的生产进度情况实现准时供应。供应链企业可以借助现代网络技术，使实时的生产进度信息能为合作方所共享。上游企业可以通过网络和双方通用的软件了解下游企业真实需求信息，并准时提供物资。在这种情况下，下游企业可以避免不必要的库存，而上游企业可以灵活主动地安排生产和调拨物资。

原材料和零部件的供应是企业进行生产的首要条件之一，供应链上游企业修正原有计划时应该考虑到下游企业的生产状况。在供应链管理下，企业可以了解到上游企业的生产进度，然后适当调节生产计划，使供应链上的各个环节紧密地衔接在一起。其意义在于可以避免企业与企业之间出现供需脱节的现象，从而保证供应链上的整体利益。

（三）生产能力

企业完成订单离不开上游企业的支持，因此，在编制生产计划时要尽可能借助外部资源，有必要考虑如何利用上游企业的生产能力。在上下游企业间稳定的供应关系形成后，上游企业从自身利益出发，更希望所有与之相关的下游企业在同一时期的总需求与自身的生产能力相匹配。

二、供应链下生产计划制订的特点

在供应链环境下，企业的生产计划编制过程有了较大的变动，在原有的生产计划制订过程的基础上增添了新的特点。

（一）具有纵向和横向的信息集成过程

这里的纵向指供应链由下游向上游的信息集成，而横向指生产相同或类似产品的企业之间的信息共享。

在生产计划的编制过程中，上游企业的生产能力信息在生产计划的能力分析中独立发挥作用。通过在主生产计划和投入出产计划中分别进行粗、细能力平衡，上游企业承接订单的能力和意愿都反映到了下游企业的生产计划中。同时，上游企业的生产进度信息也和下游企业的生产进度信息一道作为滚动编制计划的依据，其目的在于保持上下游企业间生产活动的同步。

外包决策和外包生产进度分析是集中体现供应链横向集成的环节。企业在编制主生产计划时所面临的订单，在两种情况下可能转向外包：一是企业本身或其上游企业的生产能力无法承受需求波动所带来的负荷；二是所承接的订单通过外包所获得的利润大于企业自己生产所获得的利润。同时，由于企业对该订单的客户有着直接的责任，因此也需要承接外包企业的生产进度信息来确保对客户的供应。

（二）丰富了能力平衡在计划中的作用

在通常的概念中，能力平衡只是一种分析生产任务与生产能力之间差距的手段，再根据能力平衡的结果对计划进行修正。在供应链下生产计划的制订过程中，能力平衡发挥了以下作用：(1) 为修正主生产计划和投入出产计划提供依据，这也是能力平衡的传统作用；(2) 能力平衡是进行外包决策和零部件（原材料）急件外购的决策依据；(3) 在主生产计划和投入出产计划中所使用的上游企业能力数据，反映了其在合作中所愿意承担的生产负荷，可以为供应链管理的高效运作提供保证；(4) 在信息技术的支持下，对本企业和上游企业能力状态的实时更新可以使生产计划具有较高的可行性。

三、供应链下生产控制的内容

供应链环境下的企业生产控制和传统的企业生产控制模式不同。前者需要更多的协调机制（企业内部和企业之间的协调），体现了供应链的战略伙伴关系原则。供应链环境下的生产协调控制包括如下几个方面的内容。

（一）生产进度控制

生产进度控制的目的在于依据生产作业计划，检查零部件的投入和产出数量、产出时间和配套性，保证产品能准时装配出厂。供应链环境下的进度控制与传统生产模式下的进度控制不同，因为许多产品是协作生产和转包的业务，和传统的企业内部的进度控制比较来说，其控制的难度更大，必须建立一种有效的跟踪机制进行生产进度信息的跟踪和反馈。生产进度控制在供应链管理中起着重要作用，因此必须研究制定供应链企业之间的信息跟踪机制和快速反应机制。

（二）供应链的生产节奏控制

供应链的同步化计划需要解决供应链企业之间的生产同步化问题，只有各供应链企业之间以及企业内部各部门之间保持步调一致时，供应链的同步化才能实现。供应链形成的准时生产系统，要求上游企业准时为下游企业提供必需的零部件。如果供应链中任何一个企业不能准时交货，都会导致供应链不稳定或中断，导致供应链对用户的响应性下降，因此严格控制供应链的生产节奏对保证供应链的敏捷性是十分重要的。

（三）提前期管理

基于时间的竞争是一种新的竞争策略，具体到企业的运作层，主要体现为提前期的管理，这是实现质量控制报告（QCR）、有效客户反应（ECR）策略的重要内容。在供应链环境下的生产控制中，提前期管理是实现快速响应用户需求的有效途径。缩小提前期，提高交货期的准时性是保证供应链获得柔性和敏捷性的关键。缺乏对供应商不确定性的有效控制是供应链提前期管理中的一大难点，因此，建立有效的供应提前期的管理模式和交货期的设置系统是供应链提前期管理中值得研究的问题。

ERP 的认知

（四）库存控制和在制品管理

库存在应对需求不确定性时有其积极的作用，但是库存又是一种资源浪费。在供应链管理模式下，实施多级、多点、多方管理库存和在制品的策略，对提高供应链环境下的库存管理水平、降低在制品的制造成本有着重要意义。这种库存管理模式涉及的部门不仅仅是企业内部。基于 JIT 的供应与采购、供应商管理库存、联合库存管理等是供应链库存管理的新方法，对降低在制品的库存都有重要作用。因此，建立供应链管理环境下的库存控制体系和运作模式对提高供应链的库存管理水平有重要作用，是供应链企业在制品控制与管理的重要手段。

任务三 供应链下的生产计划与控制

案例导入

5G 时代下的 AGV 柔性物流系统

米克力美认为通过 5G 网络改造智能工厂是未来的方向。5G 作为先进的无线技术，可凭借高带宽、高可靠、低时延、移动性助力 AGV 柔性物流系统解决方案更高效、更可靠、更柔性，为智能物流带来重大赋能支撑。

由于工业 Wi-Fi 可靠性不高、覆盖范围有限，影响了 AGV 柔性物流系统的效率。而 5G 的到来很好地解决了工业 Wi-Fi 的不足，为工业智能化提供了更专业、更可靠、更安全的网络环境，助力制造业企业实现生产更智能以及生产物流更智能，打造更具柔性的 AGV 物流系统。

AGV 物流系统

深圳某 3C 电子厂的表面组装技术（SMT 贴片）车间，原来是依靠人工按产品代码将仓库原料依次送到不同的生产线，由于库存情况无法实时共享，人工运输效率低，多条自动化生产线的物料经常不能及时地送达，落后的生产物流系统与其自动化的生产模式不相匹配，这使生产线成本高昂且效率低下。为了改变这种现状，该公司决定引进 5G 网络、AGV 物流系统来实现生产过程中产生的大量数据与平台的实时交互及整个车间的生产原料自动配送，形成实时、安全、可靠、柔性的生产物流供应系统。

该公司 AGV 小车通过 5G 高速网络与车间的十余条生产线实时交互，实时了解生产线的状态信息，当 AGV 系统判定某条生产线原料即将用完时，开始向智能仓储系统移动，同时通过智能仓储系统发送需求信息，仓库开始准备物料，AGV 小车到达仓库后获取物料，取料完成后 AGV 小车移动到相应生产线，整套 AGV 柔性物流系统流程响应快速，稳定性高，使生产效率得到很大提升。

米克力美表示，未来 5G 将成为 AGV 柔性物流系统中的一个关键性因素。5G 成为 AGV 柔性物流系统内部控制总线，未来 AGV 柔性物流系统的开发将集中于云计算环节而不是 AGV 小车硬件本身，集控能力大幅增强。

资料来源：佚名. 5G 时代下的 AGV 柔性物流系统. [2020-10-31](2021-05-02). https://t.cj.sina.com.cn/articles/view/7463573241/1bcdd16f9001014ntv.

案例思考：

1. 该 3C 电子厂的生产物流面临哪些难题？
2. 米克力美是如何解决这些难题的？

在生产计划与控制系统的集成研究中，到目前为止，较完善的理论模型是马士华教授于 1995 年提出的一个三级集成计划与控制系统模型，即把生产计划（MPS）、物料需求计划（MRP）和作业计划三级计划与订单控制、生产控制和作业控制三级控制系统集成于一体。该模型的核心在于提出了制造资源网络和能力状态集的概念，并对制造资源网络的建立和生产计划提前期的设置提出了相应模型和算法，并在 MRPⅡ软件开发中运用了这一模型。

一、供应链管理对生产计划与控制概念的扩展

传统的制造资源计划（MRPⅡ）对企业资源这一概念的界定是局限于企业内部的，并统称为物料（Materials），因此 MRPⅡ的核心是物料需求计划（MRP）。在供应链管理环境下，资源分为内部资源（In-Source）和外部资源（Out-Source），因此，资源优化的空间由企业内部扩展到企业外部，即从供应链整体系统的角度进行资源的优化。

采购成本分析及控制

供应链管理对能力（Capacity）的概念进行了拓展。生产能力是企业资源的一种，在 MRPⅡ系统中，常把资源问题归结为能力需求问题，或能力平衡问题。但正如对资源概念一样，MRPⅡ对能力的利用也是局限于企业内部的。供应链管理把资源的范围扩展到供应链系统，其能力的利用范围也因此扩展到了供应链系统全过程。

供应链管理对提前期（Lead Time）的概念也进行了扩展。提前期是生产计划中一个重要的变量，在 MRPⅡ系统中这是一个重要的设置参数。但在 MRPⅡ系统中一般把它作为一个静态的固定值来看待（为了反映不确定性，后来人们又提出了动态提前期

的概念)。在供应链管理环境下,并不强调提前期的固定与否,重要的是交货期(Delivery Time),即能否准时交货,供应链管理强调准时:准时采购、准时生产、准时配送。

二、供应链下生产计划的信息组织与决策的特征

供应链下生产计划的信息组织与决策过程具有如下几个方面的特征。

(一)开放性

经济全球化使企业处于全球开放市场中,不管是基于虚拟企业的供应链还是基于供应链的虚拟企业,开放性是当今企业组织发展的趋势。供应链是一种网络化组织,供应链管理环境下的企业生产计划信息已跨越了组织的界限,形成开放性的信息系统。决策的信息资源不只来自企业内部,也来自企业外部,并与其他组织进行共享。

(二)动态性

供应链环境下的生产计划信息具有动态的特性,是市场经济发展的必然。为了适应不断变化的顾客需求,使企业生产具有敏捷性和柔性,生产计划的信息要随市场需求的更新而变化。

(三)集成性

供应链是集成的企业,是扩展的企业模型,因此供应链环境下的企业生产计划信息是不同信息源的信息集成,集成了供应商、分销商的信息,甚至是消费者和竞争对手的信息。

(四)群体性

供应链环境下的生产计划决策过程具有群体特征,是因为供应链是分布式的网络化组织,具有网络化管理的特征。供应链企业的生产计划决策过程是一种群体协商过程,企业在制订生产计划时不但要考虑企业本身的能力和利益,同时还要考虑合作企业的需求与利益。

(五)分散性

供应链企业的信息来源从地理上是分散的,信息资源跨越部门和企业,甚至是全球化的,通过 Internet/Intranet、EDI 等信息通信和交流工具,企业能够对分布在不同区域和不同组织的信息进行有机的集成与协调,使供应链活动同步进行。

三、企业资源管理

物料需求计划(MRP)是以物料计划人员或存货管理人员为核心的物料需求计划体系,它的涵盖范围仅仅为物料管理这一方面。其主要用于非独立性需求(相关性需求)性质的库存控制。

(一)MRP 的概念

MRP 是指根据产品结构各层次物品的从属和数量关系,以每个物品为计划对象,

以完工时期为时间基准倒排计划，按提前期长短区别各个物品下达计划时间的先后顺序的一种工业制造企业物资计划管理模式。MRP 是根据市场需求预测和顾客订单制订产品的生产计划，然后基于产品生产进度计划，形成产品的材料结构表和库存状况表，通过计算机计算所需物料的需求量和需求时间，从而确定材料的加工进度和订货日程的一种实用技术。

MRP 的基本任务是：从最终产品的生产计划（独立需求）导出相关物料（原材料、零部件等）的需求量和需求时间（相关需求）；根据物料的需求时间和生产（订货）周期来确定其开始生产（订货）的时间。

（二）MRP 的基本构成

1. 主生产计划（Master Production Schedule，MPS）

主生产计划是指确定每一具体的最终产品在每一具体时间段内生产数量的计划。这里的最终产品是指对于企业来说要出厂的最终完成品，它要具体到产品的品种、型号。这里的具体时间段，通常是以周为单位，在有些情况下，也可以是日、旬、月。主生产计划详细规定生产什么、什么时段应该产出，它是独立需求计划。主生产计划根据客户合同和市场预测，把经营计划或生产大纲中的产品系列具体化，使之成为制订和实施物料需求计划的主要依据，起到了从综合计划向具体计划过渡的承上启下作用。

2. 产品结构与物料清单（Bill of Material，BOM）

MRP 系统要正确计算出物料需求的时间和数量，特别是相关物料需求的时间和数量，首先要使系统能够知道企业所制造的产品结构和所有要使用到的物料。产品结构列出了构成成品或装配件的所有部件、组件、零件等的组成、装配关系和数量要求，它是 MRP 产品拆零的基础。

当然，这并不是我们最终所要的 BOM。为了便于计算机识别，必须把产品结构图转换成规范的数据格式，这种用规范的数据格式来描述产品结构的文件就是物料清单。它必须说明组件（部件）中各种物料需求的数量和相互之间的组成结构关系。

3. 库存信息

库存信息是保存企业所有产品、零部件、在制品、原材料等的存在状态的数据库。在 MRP 系统中，将产品、零部件、在制品、原材料甚至工装工具等统称为“物料”或“项目”。为便于计算机识别，必须对物料进行编码。物料编码是 MRP 系统识别物料的唯一标识。

（1）现有库存量：是指在企业仓库中实际存放的物料的可用库存数量。

（2）计划收到量（在途量）：是指根据正在执行中的采购订单或生产订单，在未来某个时段物料将要入库或将要完成的数量。

（3）已分配量：是指尚保存在仓库中但已被分配掉的物料数量。

(4) 提前期：是指执行某项任务由开始到完成所消耗的时间。

(5) 订购（生产）批量：是指在某个时段内向供应商订购或要求生产部门生产某种物料的数量。

(6) 安全库存量：为了预防需求或供应方面不可预测的波动，在仓库中应保持最低库存数量作为安全库存量。

根据以上各项数值，可以计算出某项物料的净需求量，公式如下：

净需求量＝毛需求量＋已分配量－计划收到量－现有库存量

思考练习

1. 简述生产管理的含义和内容。
2. 供应链下生产计划制订的特点有哪些？
3. 供应链下生产控制的内容有哪些？
4. 供应链下生产计划的信息组织与决策具有哪些特征？

技能训练

物流降本增效“多点开花”

物流是支撑钢铁生产的重要环节。2020 年，为克服新冠肺炎疫情导致的物流不畅的不利影响，萍安钢铁在“全面降成本，大干一百天”活动中，深入推进精细化管理，全方位开展降本攻坚，采取双向物流、优化物流结构、想方设法减少内部物资二次倒运等方式，使内外部物流降本增效取得明显成效。

深挖外委生产物流运输降本点

“以后杂料全部堆在这里，用龙门吊抓取、混匀。”2020 年 12 月 10 日，在萍安钢铁安源生产区原料场，安源炼铁厂工作人员正指挥车辆进行卸货，将倒运过来的除尘灰等杂料堆放在新的规划区域。

以往倒运至原料场的杂料堆放在另一场地，按照工艺要求，使用前需用铲车进行混匀，由此产生了二次倒运费用。看到降本空间后，该厂对场地进行合理优化布局，将倒运过来的杂料堆放在有龙门吊的堆放区域，使用龙门吊进行混匀后直接上皮带，从而减少了铲车的二次倒运费用。据测算，安源炼铁厂每月使用的杂料约 1 万吨，一个月下来，即可节省约 2 万元二次倒运费用。

为有效降低生产物流运输费用，安源炼铁厂指定专人负责生产物流费用控制，不断完善、细化运输费用制度，对用车计划申报严格把关，非固定用车项目加强现场核查；持续跟进原燃料进厂，优化货场布局，加强信息沟通，做好原料均衡进厂，减少二次倒运，最大限度地降低倒运和二次造堆；加大自有叉车和公司内部车辆的使用频次，对回收废钢铁、倒运备品备件等进行合理安排，尽量减少外委用车。通过加强内部管理，2020年该厂外委生产物流运输费用与去年同期相比每月减少近10万元。

小改小革拓宽内部物流降本点

萍安钢铁安源生产区原料场大棚内一片繁忙景象，一条长约30米的块矿筛下粉皮带运输线正在运送原料。

几个月前，这里还是车流穿梭，所有进厂的块矿经筛分堆料后，需外请汽车倒运至新系统卸矿槽进行堆料，经安源炼铁厂测算，汽车倒运费用2.33元/吨，新系统铲车进仓费用0.78元/吨，累计下来就是一笔不小的支出。

看到“降本点”后，该厂发动员工提出合理化建议，对运输费用开展攻关。该厂负责运输管理的工作人员多次到块矿过筛场进行考察，发现如果在块矿筛下粉仓增加一个受料斗，加装一根运输皮带，完全可以省去倒运费和铲车收堆费。这一想法得到相关人员的论证后，经过近一个多月的改造，新皮带运输系统于6月份正式运行，改造后每月可节省外委物流运输费用4万元。

不仅如此，该公司安源炼铁厂还在安源生产区新增焦炭场落地机烧矿皮带，减少落地机烧矿倒运；自行完成4号高炉煤气放散阀吊装，节约外委吊装费用3.5万元。该公司相关单位通过小改小革，改进物料运输方式，提高了运行效率，进一步降低了内部物流成本。

开拓物流车辆对外创收增效点

为实现自有车辆运力最大化，创造效益，萍安钢铁物流运输部积极开拓工程机械车辆对外创收创效业务。

萍安钢铁现有工程车辆30余辆，主要服务于公司内部生产。为提高现有工程机械车辆利用率，让现有车辆创造最大的价值，2020年5月以来，该公司物流运输部在保证生产正常用车的前提下，主动与公司对外发包工程项目对接，承揽公司对外发包、厂区内部施工、总包方负责范围内的工程用车，主要开拓吊车、挖掘机、装载机、后八轮货车四种车辆的对外承接工程用车创效业务，可满足公司对外发包工程项目的用车需求，让承包方“足不出户”即可请到车。目前，萍安钢铁已与数十家单位建立用车业务合作关系。自2020年5月起至年底，对外用车创效近20万元，成为物流车辆对外创收的增效点。

找准降低外部物流费用发力点

在紧抓内部物流的同时，萍安钢铁拓展思路，从多个方面联合发力，降低外部物流运输成本。

进口矿物流降成本。萍安钢铁地处内陆，既不通江也不达海，导致进口矿物流运输线路复杂多变，运输周期长，成本居高。为此，萍安钢铁原料公司大胆探索江海联运运输模式降低成本。往年，萍安钢铁期货减载量都是在北仑等海港通过铁路直发进厂，物流成本一直较高。2020年，针对海港的每一单货物，萍安钢铁原料公司通过邀请多家具有海运资质且实力雄厚的优质承运商就二程船运输进行公开比价，并由中标承运商全程负责控制途耗包干到厂。同时，调整优化进口矿物流运输线路。

双向物流降成本。为有效提升“长株潭”双向物流运量，萍安钢铁多措并举，在确保钢材产品正常装车、发运的基础上，对双向物流车辆实行“三优先”原则，即优先开票、优先进厂、优先装车，有效推动双向物流高效衔接。对内加强与厂内轧钢班组横向沟通，及时传递信息；双向物流车辆到达目的地后，对外要求客户经理及时与客户进行沟通，优先安排双向物流车辆进行卸货，确保双向物流运输车辆周转率。通过这种打通内外“窗格子”的方式，有效提升了双向物流车辆的装、卸效率。

萍安钢铁通过多点发力，不断推进精细化管理，物流降本增效成效显著。2020年1～11月，该公司外委物流费用较去年降低0.53元/吨材；与2019年同比，1～11月实现进口矿物流运输降本13.36元/吨材，其中，9月，进口矿吨材运价创2018年以来单月最低；双向物流节省费用约350万元，其中9月、10月双向物流运输量创2020年双向物流运输量新高；2020年吨材销售物流费较2019年降低6.32元，为近五年内物流费最低的一年，同时提前完成了销售物流费年度降本目标。

资料来源：王晓涛．物流降本增效“多点开花”．(2020-12-28)[2021-05-02]. http://www.ce.cn/xwzx/gnsz/gdxw/202012/28/t20201228_36163671.shtml.

一、实训名称

萍安钢铁的供应链管理。

二、实训目标

通过案例，了解萍安钢铁供应链管理的内容与方式，更好地掌握供应链理念指导下的生产物流的内容与方式。

三、实训内容

1. 谈谈你对供应链下生产管理的认识。
2. 了解并分析萍安钢铁是如何降低物流成本的。
3. 分析企业物流成本的构成。

项目六

供应链下的库存管理

知识目标

1. 了解和掌握库存的概念
2. 掌握库存的分类方式
3. 了解库存的利弊

技能目标

1. 能够分析企业库存管理的要点
2. 能够使用供应链库存管理策略

任务一 库存认知

案例导入

仓储的嬗变之道，从互联网走向供应链

仓储是所有环节中离货最近的环节，也是最能反映库存的地方，因此仓储与供应链的关系非常密切。不同行业的供应链管理，包括仓储管理都存在着巨大差异。随着整个商业结构的重构和物流行业的发展，仓储企业为了自身的发展，正在不断更新迭代。目前仓储管理呈现出以下几个发展趋势。

从多品类走向单品类

仓储的满仓率往往不是很高，为了填满仓储面积，提升使用率，往往仓储不分货物品类，有货就接，使得仓储品类庞杂，给效率提升和专业化发展带来很大的困难。仓储一般都有从多品类仓走向单品类仓的需求。而且仓储的行业属性很高，不同的货物品类对于仓储的管理有着完全不同的要求，同时对于企业的供应链布局有着显著影响，因此仓储都有走向单品类仓的内部动力和需求。

拆小仓建大仓的趋势

仓储总体上还比较传统，大部分仓储的自动化和信息化水平不高，仓的面积和规模以及货物品类与仓储的信息化应用有很大的关系，因此都有拆小仓建大仓的需求，以提升集约化水平。

从单仓走向多仓网络

单仓主要提供点的服务，随着电商的发展，为了更好地服务全国化的货流，很多仓储企业都在从单仓走向多仓，而且是仓越多越好，随着技术的发展，多仓联网完全可以实现。

走向仓配一体化

各大物流企业都在往综合性物流方向发展，各大物流商也纷纷开始建仓，实现仓配一体化。菜鸟拥有背靠阿里系的天然优势，能够较好地控制货流，它一方面对自营的天猫商超自营仓储，将具体仓储管理外包给供应商，另一方面与阿里系的仓储企业如百世物流合作。由于快递与电商接触最深，凭借阿里对电商的掌控力，掌控了货，也就掌控了快递配送的起点，对快递公司有很大的影响。顺丰打造电商产业园，靠近电商企业建设自身的仓储配套，打破了菜鸟对货和仓的控制。仓是最接近货的场地，对配送会产生很大的影响，这迫使各大物流商纷纷建仓，使综合物流的趋势越来越明显，最后行业会不断整合而剩下几大巨头。

资料来源：佚名. 仓储的嬗变之道，从互联网走向供应链.（2018-12-14）[2021-05-03]. http://www.chinawuliu.com.cn/xsyj/201812/14/337177.shtml.

案例思考：

1. 应该怎样认知仓储？
2. 在互联网＋环境下，仓储应如何进行变革？

目前，随着企业信息化程度的提高，以及供应链思想日益深入人心，库存管理的思想从上游管理逐渐演化到了整个供应链的合成管理。库存管理的核心从生产企业和商业企业开始更贴近于消费者这个盈利中心，更加适合于供需的统一。但是需要注意的是，库存管理的难度更大了，要求也更严格了。

一、库存的概念

库存是指以支持生产、维护、操作和客户服务为目的而存储的各种物料，包括原材料和在制品、维修件和生产消耗品、成品和备件等。

从狭义的角度看，库存仅仅指的是在仓库中处于暂时停滞状态的物资。

从广义的角度看，库存则表示用于将来目的、暂时处于闲置状态的资源。这里包含两层含义：首先，资源停滞的位置，可以是在仓库里、生产线上或车间里，可以是在非仓库中的任何位置，如汽车站、火车站等类型的流通节点上，甚至也可以是在运输途中。其次，资源的闲置状态可由任何原因引起，而不一定是某种特殊的停滞。资源闲置的原因主要有主动的各种形态的储备、被动的各种形态的超储和完全的积压等。

二、库存的作用

（一）库存的积极作用

1. 缓冲作用

库存最主要的作用就是供给与需求之间的缓冲作用。库存有利于解决供应与需求之间的变化性和不确定性的问题，如图 6－1 所示。

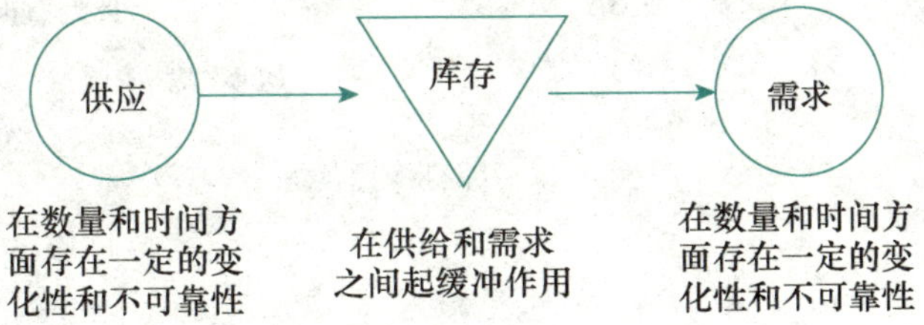

图 6－1　库存的缓冲作用

2. 服务水平

库存有利于缩短订货至交货周期，提高物料的可得性，可以避免向客户送货延迟的情况，从而在客户服务、客户满意度以及客户认同价值等方面得到提高。

3. 获得价格优势

持有库存可以降低订货成本，或通过大批量订货而受益，还可以在采购物品价格较低时进行采购。大规模运输与整车运输会带来运输的经济性，通过持有库存可以降低运输成本、提高运输效率。

（二）库存的消极影响

由于持有库存涉及很多方面的成本与费用，存在多种风险，因此库存并不是越多越好。库存的消极影响包括以下几方面：

（1）库存会占用企业大量流动资金。库存管理不当会形成大量资金的沉淀，进而影响企业的现金流。

（2）库存管理不当，会增加企业的商品成本与管理成本。库存成本是企业商品成本与管理成本中非常重要的一部分，库存管理不合理，会直接导致企业商品成本和管理成本的增加。

（3）库存容易掩盖企业管理中存在的问题，比如计划不周、采购不力、生产不均衡、商品质量不稳定及市场销量不力、工人不熟练等。库存就像水平面，掩盖了企业的很多问题，当库存降下去的时候，问题就显现出来了。

如图 6－2 和图 6－3 所示，把库存比作湖泊的深度，暗礁代表各种问题，库存水平降低，问题就会如暗礁露出水面，问题才会得到重视从而得到解决。

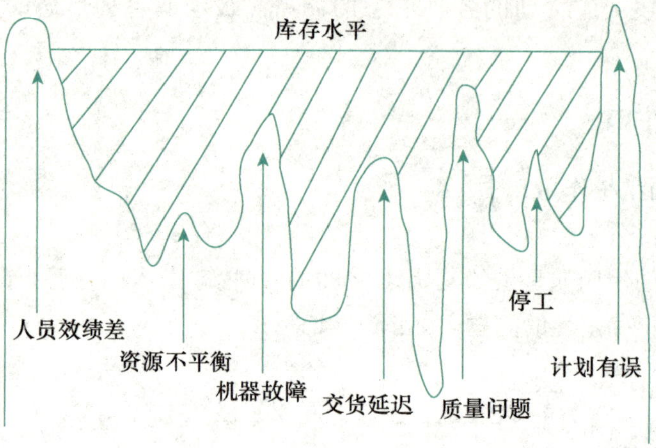

图 6－2　库存掩盖问题

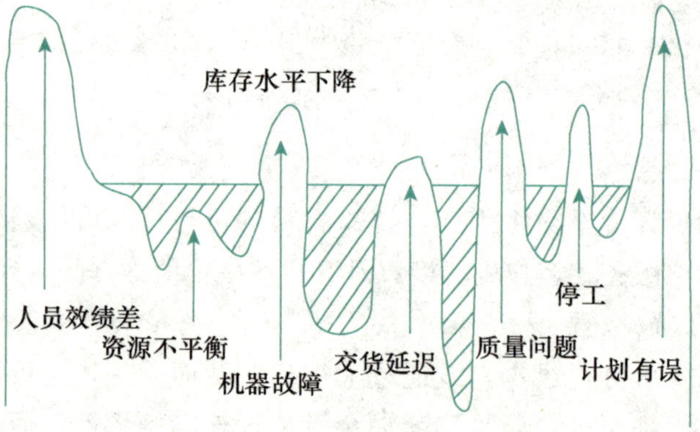

图 6－3　库存降低暴露问题

三、库存的类型

（一）按库存在生产过程中所处的阶段分类

1. 原材料库存

为了生产加工产品，通过采购和其他方式取得和持有的原材料、零部件的库存。

2. 在制品库存

处在由一种状态转换为另一种状态过程中的半成品库存。

3. 成品库存

已经制造完成，准备发往客户的产成品库存。

4. 维护、修理及运营用品库存

用于维护、修理和保养设备设施，保证正常运营的非生产物料。这些物料可能是用于设备保养、维修的备品备件，也可能是保证企业正常运行的相关设备、耗材等物资。

（二）按库存产生的原因分类

1. 周期库存

在正常的经营环境下，为满足日常运作需要而建立的库存。周期库存产生的原因在于，大批量的生产和采购有利于供应链的某个环节获得规模经济，从而降低成本。

2. 安全库存

通常被闲置一旁以应对需求与供给的不确定性的库存，是一项以备不时之需的存货。

3. 预期库存

为应对未来可预期的需求而形成的库存。季节性库存就是一个很好的例子，它受季节供应约束，如农产品，在收获时节囤积以供全年之用。预期库存产生的原因包括罢工、天气变化、短缺或涨价传言等。

4. 在途库存或渠道库存

尚未到达目的地，正处于运输状态或等待运输状态而储备在运输工具中的库存。

5. 分离库存

分离库存就像是两个进度不同的作业点之间的缓冲器，能使连接点两侧的活动相互独立。原材料、在制品和成品的分离库存的数量与位置由持有它们的成本以及增加了的作业柔性决定。

四、库存管理的作用

库存管理是供应链管理中的重要内容之一，它是以控制库存为目的的技术、方法、手段和操作过程的集合，是对企业的库存进行计划、协调和控制的过程。

库存管理有以下六个方面的作用：

（1）缩短订货提前期；

（2）提高生产的均衡性；

（3）降低成本；

（4）防止库存短缺或中断；

（5）对不确定性因素起到缓冲作用；

（6）保持各环节运作的独立性。

五、库存成本

决定持有多大库存时，必须确定每一具体决定对成本的影响。在库存决策中涉及的成本有以下几类。

（一）订货成本

订货成本有两种：一种是发出采购订单向供应商购买物料而发生的成本；另一种是向工厂发出订单而发生的成本。采购物料时，必须书写物料申请单与采购订单，付款给供应商后必须要求其开具发票，收进的货物必须检查并送交储存室或加工地。向工厂订购一批物料时，要产生文书工作的成本、机器调整费、新调整后首次生产带来的开工报废品成本及其他取决于订货或生产的批数的一次性费用，所有这些费用之和就是该批物料的订货成本。

（二）库存持有成本

库存持有成本包括公司在持有库存的过程中发生的一切成本，通常包括下列因素。

1. 报废

由于销售模式与客户要求更改，库存物资不再可销而发生的费用。在时尚货物、高技术与国防工业中，这个问题比较突出。

2. 损坏

库存物资可能因受潮、干燥、在搬运时被弄脏或其他多种原因造成损坏，因而不再可售或不再可用。

3. 税

许多国家要征收库存税，有的是根据年度中某一特定时间的库存投资额来征税，有的是根据全年的平均库存投资额来征税。

4. 保险

库存像其他资产一样要投保，通常这是公司保险政策的一部分。

5. 存储

存储库存需要有储存室、主管人员、操作人员、物料搬运设备、必要的记录等。倘若没有库存，就不会发生这些设施或人员的费用。

6. 资金

投资于库存的资金就不能用于公司的其他活动了。事实上，公司可能还要向银行去借这笔钱。借钱的代价或失去的投资机会（将这笔资金用于公司的其他用途的机会），必须算作库存投资的资金成本。

（三）缺货成本

倘若客户订货时没有该物料可供发货，就可能失去销售机会或发生称为缺货成本的额外的破费。处理欠交订单的工作量（发货、开发票以及库存控制的文书工作与加点）可能会比较大。欠交订单的费用不但来自额外的文书工作，还来自各部门中处理欠交订单文书、检货与包装、回答查询人员花费的时间。此成本还可能包括诸如由于发货量小而产生的高货运额外费用等因素。

任务二　库存管理与控制的基本原理和方法

案例导入

传化云仓——RFID 半自动化库存管理

传化云仓是传化智联旗下的一站式仓储服务平台，提供云仓系统、仓储管家两大服务，依托传化智联公路港，为全国客户和商家提供全国化仓储网络运营和库存优化服务，实现以仓储为核心的供应链系统解决方案。目前云仓的核心业务为仓配一体化服务及 WMS 系统服务，包括提供零散件入库、库存管理、贴标打单服务、客服管理、培训体系、IT 服务系统、KPI 考核机制等仓配运营服务。其中传化云仓自主研发的 WMS 系统，拥有全面的仓库管理功能，可实现订单履行、作业效能优化、人力资源管理优化以及设备控制等各方面管理。

传化云仓智能 OWMS 云计算平台，对接企业内部 ERP，利用较低的初期成本投入，实现仓库管理的半自动化升级。每个货物上都有对应的电子标签，结合相关软件在标签中写入货物的具体资料、存放位置等信息。在仓库中可以通过固定式或手持式阅读机，以辨识、侦测货物流通，同时可以对货物的保值期进行跟踪。RFID 仓储物流系统主要是为了达到如下目标。

规范库位管理，方便查找货物

通过显示屏以及出货单等信息，系统会自动显示货物库位信息，无须人工的判断和决定，从而最大限度地摆脱了对人工判断的依赖，提高了企业的质量管理水平。

提高 ERP 系统与 WMS 系统中数据的可靠性

数据采集系统最大限度地避免和减少了人工干预，从而减少了人工操作错误的数量。而且系统严密控制输入的数据，保证了操作过程中数据的完整性和一致性，使得进入系统的数据清洁、有效，不仅为 ERP 系统和 WMS 系统等企业信息化管理系统的运转提供了可靠的数据，而且提升了信息化管理系统的价值。

实现高效准确的数据采集，提高作业效率

RFID技术独有的大批量数据同时采集、无须精确对位等特点，使企业从每天的大量重复作业中解脱出来。通过RFID系统，对每天的大批量出入库数据进行实时采集，实时传递，实时核对、更新，既降低了人工的劳动强度，又避免了在重复的人工操作中出现误扫、漏扫、重扫等差错，提高了工作效率和准确度。

准确高效使用稀缺资源，提高生产作业能力

叉车上安装工业级平板以及RFID读写器，在作业过程中可以自动采集产品信息，进一步提高系统的作业能力。

资料来源：佚名．传化智联股份有限公司（云仓事业部）-传化云仓：RFID半自动化库存管理．(2019-04-22)[2021-05-03]. http://www.chinawuliu.com.cn/xsyj/201904/22/340065.shtml.

案例思考：

1. 库存管理的内容有哪些？
2. 库存管理在供应链管理中有哪些重要性？
3. 信息化技术在库存管理中是怎样应用的？

一、库存管理与控制的内涵与目标

库存管理与控制是指与库存物料的计划与控制有关的业务。它有别于仓储管理，是供应链中资金占用管理的体现，有效的库存管理和控制能够帮助提高供应链的存货资金的流转速度和加快资金回报。

库存管理与控制的两个关键考核指标是客户满意度和库存周转率。提高库存周转率既可以实现现金的快速周转（库存周转率与现金流之间的关系如图6-4所示），又可以提高盈利能力，也就是提高资产回报率。因此，库存管理与控制的根本目的就是要提高库存周转率，从而实现企业的财务运营目标，特别是现金流的快速周转。库存周转率就是库存的周转效率，公式如下：

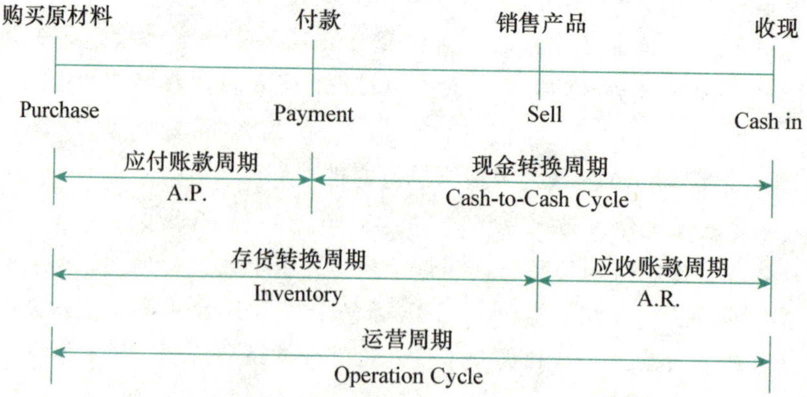

图6-4　库存周转率与现金流之间的关系

$$库存周转率=\frac{物料成本}{平均库存}$$

供应链库存管理与控制的目标是在合适的地点、合适的时间拥有合适数量的库存，从而在满足客户服务水平的同时使系统成本最小。遗憾的是，在复杂的供应链中，管理与控制库存一般很困难，同时还可能对顾客服务水平和供应链的系统成本产生重大影响。

二、库存管理与控制的内容

库存管理与控制涉及库存相关决策的内容主要包括三个方面：在何处保持库存、保持多少库存和保持何种库存。

（一）在何处保持库存

客户需求和不同的响应策略对供应链在何处保持库存都有影响。由于不同类型的供应链对成本、弹性、服务水平、响应时间等的不同要求，库存在供应链上有不同的设置。如果要求及时响应客户与保持高服务水平，库存应设在更靠近供应链下游的地方，接近最终客户。如果服务客户的最大前提是降低成本与更高的柔性以及专门定制，就应在更靠近供应链上游的地方持有库存，如图 6－5 所示。

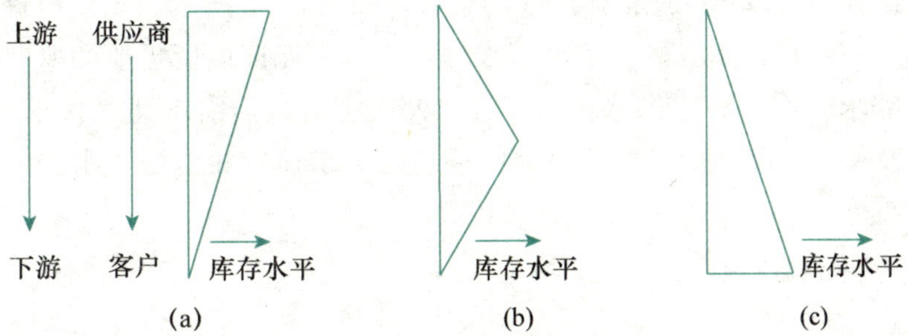

图 6－5　库存在供应链中的位置

在何处持有库存还有一个重要决策，那就是选择集中式库存还是分散式库存，这就涉及了风险分担的概念。风险分担是指如果汇集不同地点的需求，需求的变动性将减少。这是因为当需求处于随机状态时，某些客户高于平均水平的需求可能被另一些客户低于平均水平的需求所抵消。风险分担所起的作用可以用平方根法则来估算。

影响风险分担作用的因素有以下几点：

（1）不同地点需求相关性越低，风险分担所起的作用越明显。

（2）需求变异系数越大，风险分担作用越明显。变异系数的计算公式如下：

$$变异系数=\frac{标准差}{平均需求}$$

（3）高价值的物品，风险分担作用更明显。

集中式库存将所有的库存及控制等职责都集中在一个中心地点进行。集中式库存具有更高的可得性，对库存的控制也更容易，数据透明度高，但会影响对市场的反应速度。

分散式库存对库存进行分散化管理。由于接近市场，可以迅速对市场需求做出反应，但分散式库存容易出现断货现象，而且构建成本较高，容量有限。

集中式库存和分散式库存有着不同的优缺点，在考虑设置哪种库存时，一般考虑以下五个因素：

（1）安全库存。从分散式向集中式系统转变时，安全库存会减少。减少的数量取决于一些参数，包括变异系数和不同市场之间的需求相关度。

（2）服务水平。当集中式和分散式库存拥有同样的总安全库存时，集中式库存的服务水平较高，而服务水平提高的程度取决于变异系数和不同市场之间的需求相关度。

（3）管理费用。一般来说，分散式库存的管理费用较高，规模经济程度较小。

（4）顾客提前期。由于分散式库存距离顾客更近，因此响应时间通常更短。

（5）运输成本。运输成本依具体情况的不同而有所不同。例如，当增加仓库数量时，出库运输成本（从仓库向顾客交货的运输成本）会减少，但入库运输成本（从工厂运输产品到仓库的成本）会增加。

（二）保持多少库存

库存水罐模型可以很好地描述库存的原理，如图 6 - 6 所示。当供应输入速度与需求输出速度不一样时，便需要一个水罐来储存水，来保证以所需要的速度供水。当供应速度快于需求时，水罐中的水位（库存）便会上升；当需求速度快于供应速度时，水位（库存）便会下降。如果能够使供应速度与需求速度相匹配，水位（库存）便会降至最低。

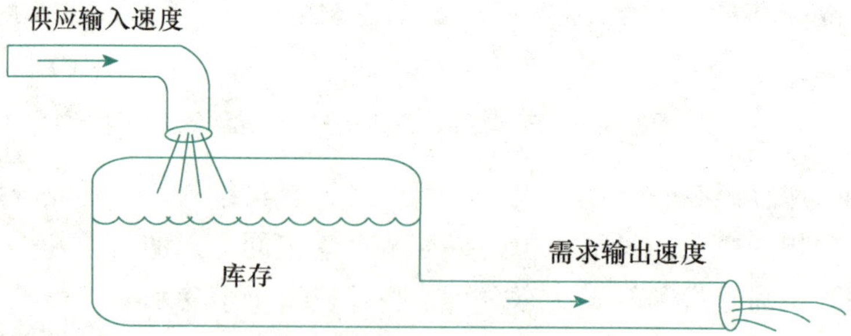

图 6 - 6　库存水罐模型

（三）保持何种库存

库存占用大量的资金，库存的种类越多，库存管理就越复杂，库存管理决策就越困难。因此，要尽可能地将需求标准化，将用户定制化和专用品种数量降到最低，从而减少库存的废弃成本和仓容的浪费。采用延迟策略也可以有效减少库存的品种数量。图 6 - 7 所示的供应链品种漏斗形象地展示了延迟策略对减少库存品种数量的影响。

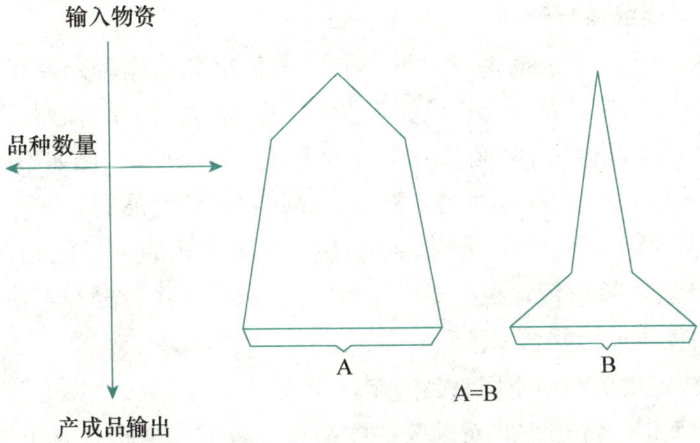

图 6-7 供应链品种漏斗

三、库存的分类管理

(一) ABC 分类法

ABC 分类法最初来源于人口管理理论。意大利经济学家维弗雷多·帕累托在研究人口理论时发现，占总人口极少比例的人口却拥有占财富总数极大比例的财富，而占总人口极大比例的人口却只占财富总数极少比例的财富。这就是所谓的“关键的少数与次要的多数”理论，后来这个理论被应用于多个领域。

库存物品按品种和占用资金的多少，可分为特别重要的库存（A类）、一般重要的库存（B 类）和不重要的库存（C 类）三个等级，如表 6-1 所示。ABC 分类可以使企业更好地对库存进行预测和现场控制，以减少安全库存和库存投资。

现代库存管理方法

表 6-1 库存的 ABC 分类

类别	物品特点	品种比例	占用资金比例
A	品种少、占用资金多	5%～15%	60%～80%
B	品种中等、占用资金中等	20%～30%	20%～30%
C	品种多、占用资金少	60%～80%	5%～15%

高价值的 A 类库存需要实行最严格的库存控制，要经常对其进行检查，确保不发生缺货。简言之，对于 A 类库存，要以更多的关注和更好的系统保持高服务水平，而不是高库存水平。

低价值的 C 类库存，与 A 类产品正相反，可以减少管理这类库存所花费的时间，库存水平可以保持高水平，因为库存成本很低，可大批量订货。

B 类库存属于次重点管理对象，库存水平介于 A 类和 C 类库存之间。

（二）SKU层面的库存管理

最小存货单元（SKU）是库存中最小的可单独定义的库存产品单元。某种物品，当其品牌、型号、配置、等级、花色、包装容量、单位、生产日期、保质期、用途、价格和产地等属性与其他物品存在不同时，可称为一个SKU。比如不同尺寸容器所装的同一种涂料包装，就是一个单独的SKU，不同的SKU物品的库存管理是不一样的。

ABC分类法不足以解决同一产品组中不同存储单元的差异问题，为此，应当在SKU层次制定库存管理政策，根据变化性和价值对SKU进行分类，使SKU层次的库存政策能够反映供应风险并增加盈利。

（三）对供应定位模型中不同物品的库存管理

供应定位模型以矩阵的方式对采购的物品进行分类。横轴是支出大小定位，按照帕累托的20/80法则对支出的大小进行划分；纵轴是影响、机会和供应风险的综合定位，其划分原则较为复杂，要根据企业总目标和对供应市场进行分析之后加以确定。影响程度高低取决于企业总目标，风险与机会程度来自对供应市场的分析。

根据这两组要素的划分可以得出下面四种分类：

（1）常规物品：低支出、低IOR；

（2）瓶颈物品：低支出、高IOR；

（3）杠杆物品：高支出、低IOR；

（4）关键物品：高支出、高IOR。

确定安全库存水平时，除了需求和提前期以及库存价值外，还应该考虑库存物品的供应风险，以及该物品的缺货对企业的影响。因此，供应定位模型中的四类物品，库存管理方法不同，具体如图6-8所示。

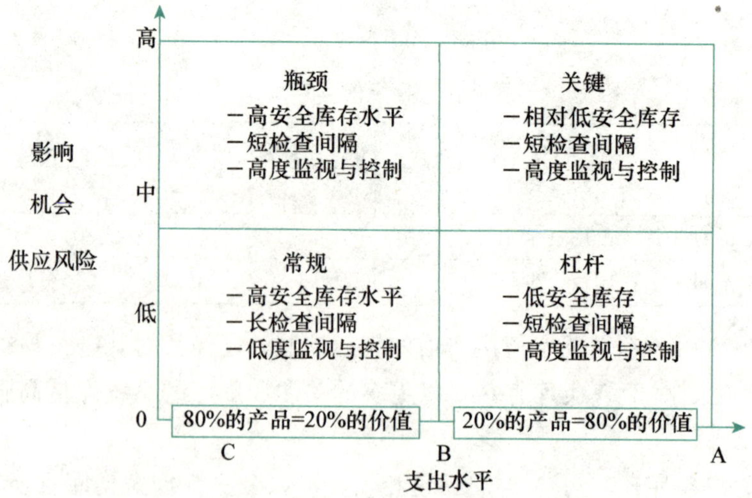

图6-8 供应定位模型中不同物品的库存管理

任务三 供应链库存管理

案例导入

从“双11”脉动观察中国消费新趋势

从网友打趣的“光棍节”，到单个平台的“网络促销活动”，再到带动全球消费市场的数字经济体联动，11岁的“双11”，已成为国内外消费市场的重要组成部分，实体经济依靠和竞逐的重要平台，大量新技术、新产业、新业态、新模式的策源之地。

商品更多、市场更大、动能更强

“双11”即将揭幕，各大电商备战早早开启。线下，地铁站台、公交站牌的预售广告随处可见；网上，各种直播“种草”“安利”信息铺天盖地……不出意外，今年“双11”的各项指标又会攀上一个新高度。

这将是一次全球规模的数字经济体联动。据介绍，今年“双11”共有5万个新品牌、新商家首次参与，其中既有引领潮流的国际大牌，也有崭露头角的新锐品牌。11日当天，来自全世界20万个品牌的官方旗舰店将集体推出折扣措施，为用户节省至少500亿元。

“双11”也已经成为制造业新品的集中展示日，手机数码、家用电器、美妆、个人护理与鞋包服饰是新品爆发速度最快的领域。

“双11”与我国实体经济的亲密度越来越大。1 000个原产地的新鲜农产品，可以从田间地头不隔夜送达北上广深等城市。一个名为“提前卖空贫困县农货”的“双11”计划，让互联网成为脱贫攻坚的新窗口。

上海财大数字经济研究中心主任钟鸿钧认为，“双11”进入第11个年头，巨变背后是中国经济和消费的持续增长。消费已经连续5年成为中国经济增长的第一动力，且一直保持着稳健增长，新消费带来的内需潜力释放才刚刚开始。更为重要的是，新消费体现了产品品质的提升和创新，体现了中国经济从效率驱动到创新驱动的转型。

供需两端“数智化”转型加快

今年一次促销，智能锁销售同比增长了454%。跟电动牙刷、体脂秤一样，智能锁一夜之间成为“通向未来生活的入口”。爆发式增长的背后，既是消费升级的拉动，更是5G开启前智能家居时代的信号。

专家认为，随着消费理念、消费方式和消费品质的升级，新经济、新需求、新消费正逐渐形成推动高质量发展的有力支撑，正在重新定义消费逻辑。

今年“双 11”，快递无人车将在更多校园开跑，中国物流无人车或迎来商业化运行时代；菜鸟智能供应链大脑，将帮助十万商家用一部手机管理生意；随着中欧班列、跨境包机等的增加，数字化通关成为“一带一路”上的数字桥梁，帮助中小企业全球运转……专家表示，数智技术今年成为“双 11”的强劲引擎，推动效率大幅提升。

如无意外，今年“双 11”中国快递的峰值处理能力或将再创新高。以“四通一达”为代表的快递公司表示，将用更高效率的物流网络、更合理的资源配置来服务这场网购盛宴。

“买卖全球”，让世界“共享一个购物车”

天猫国际和考拉海购协同连接起 3 万多个海外品牌，通过海外原产地直供，让更多消费者足不出户“买全球”。在国际市场上，一批中国品牌迅速崛起，不仅赋能中国企业出海，还帮其他国家中小商家“卖全球”。

在打破地域限制的互联网上，网络主播们在全球各地，用不同语言，24 小时不间断地推介世界各国的热门消费品。

西班牙的红酒、埃塞俄比亚的咖啡豆、以色列的摩洛哥油、新西兰的蜂蜜、泰国的乳胶枕……这些商品虽然相隔万里，但通过电商平台，世界各国人民可以“共享一个购物车”。

资料来源：台州晚报. 从“双 11”脉动观察中国消费新趋势.（2019-11-15）[2021-05-03]. http://old.chinawuliu.com.cn/xsyj/201911/15/345401.shtml.

案例思考：

1. 在互联网时代，企业库存管理理念应该如何适应消费者市场的变化？
2. 假设你从事电商行业，你如何看待库存？

一、库存在供应链中的地位与作用

供应链库存管理的目标服从于整个供应链的目标，通过对供应链上的库存进行计划、组织、控制和协调，将各阶段库存控制在最小限度，从而削减库存管理成本，减少资源闲置与浪费，使供应链上的整体库存成本降至最低。与传统库存管理相比，供应链库存管理不再作为维持生产和销售的措施，它成了一种供应链的平衡机制。供应链库存管理不是简单的需求预测与补给，而是要通过库存管理改善客户服务，提高收益水平。

在供应链中，持有周期库存是为了利用规模经济以降低成本。降低周期库存的关键在于削减订货批量，削减订货批量而不增加成本的关键是减少每次订货的固定成本。

可以通过降低固定成本本身，或集中对多种产品、多个客户、多个供应商送货，来达到减少固定成本的目的。

在供应和需求不断变化的情况下，安全库存有助于供应链向顾客提供较高水平的产品可获得性。持有安全库存是为了防止需求超出预期数量，或者补货的到达比预期的要迟。安全库存受需求不确定性、补货提前期、提前期变动性和期望的产品可获得性水平等的影响。如果供应链能够减少需求变化、缩短补货提前期并减小提前期的波动，需求的安全库存就会降低，产品可获得性水平也会提高。还可以通过实体库存聚集，或库存的虚拟聚集来实现安全库存的下降，具体手段有：信息集聚、基于需求总量的专门化库存策略、产品替代策略、零部件通用化和延迟产品差异化策略。

库存在供应链中的地位与作用如图 6 - 9 所示。

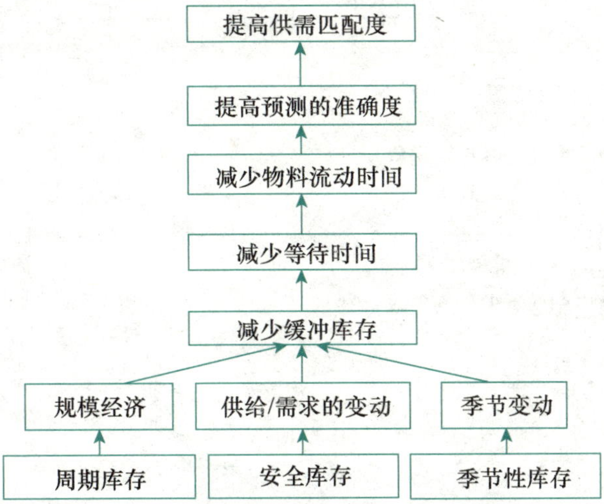

图 6 - 9　库存在供应链中的地位与作用

二、多级库存管理

库存遍布供应链各个环节，这些库存很少是相互独立的。供应链某一环节和最终顾客之间的所有库存被称为级库存。供应链中每一级的级库存等于该级的现有库存与所有下游库存（下游意味着接近客户）之和。因此，管理整个多级供应链的库存而不是各个环节独自管理库存十分重要。

（一）多级周期库存管理

在一个多级供应链中，各环节在进行批量决策时缺乏协作会导致高成本和更大的周期库存。多级系统的目标是通过协调供应链各环节间的订货行为来降低总成本。

在多级供应链中，通过整数补货策略实现同步，可以降低周期库存和订货成本。如果跨越两个环节的整数补货策略是同步的，分销商就可以对它供应给下一环节的货物部分地实施越库配送运作。图 6－10 所示为当零售商的订货频率不高于分销商的订货频率（每两周或四周订货一次）时，分销商利用越库配送进行发货的情况。如果零售商的订货频率高于分销商（每周订货一次），则有一半的订单实施越库配送，而另一半订单由库存予以补充。在上述策略下，每一环节的再订货间隔期都为某一基本再订货间隔期的倍数。实现整数补货策略同步化，能推动供应链中越库配送策略的应用。

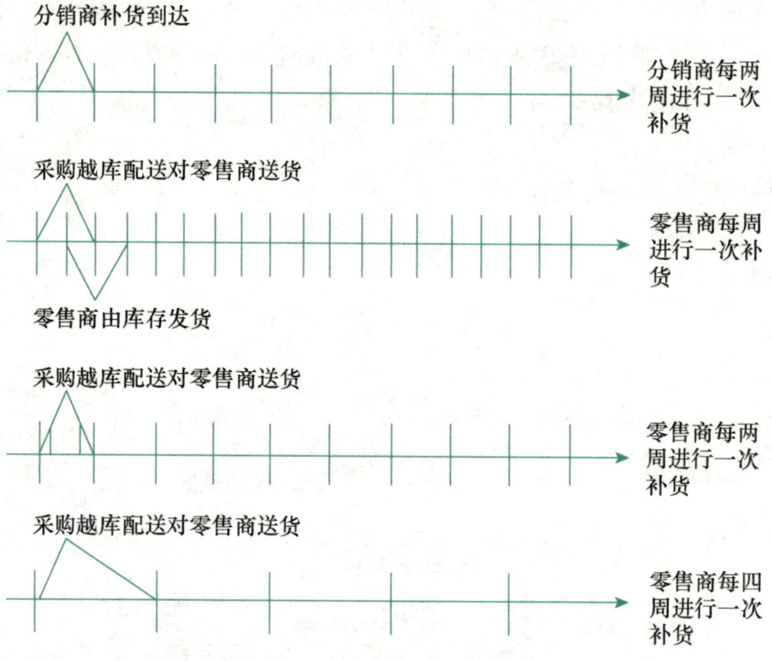

图 6－10　整数补货策略图解

（二）多级安全库存管理

多级供应链所有环节的安全库存水平都是相互关联的。在多梯级的情况下，任何一级的安全库存水平都应该基于下一级安全库存水平来确定。比如分销商在确定安全库存水平时，应该基于它所供应的所有零售商持有的安全库存水平。零售商持有的安全库存越多，分销商需要的安全库存就越少。如果零售商降低它们的安全库存水平，分销商就必须增加安全库存以确保对零售商的定期补货。

如果供应链的所有环节都试图管理它们的梯级库存，弄清楚库存在各个环节间是如何分配的就十分重要。多级供应链中的库存决策必须考虑不同环节安全库存的持有水平。如果持有库存的成本很高而且顾客可以容忍延期供应，那么最好在远离终端客户的供应链上游设置更多的安全库存，以获得聚集效应。如果持有库存的成本很低且顾客对时间非常敏感，那么最好在接近最终顾客的供应链下游设置更多的安全库存。

三、供应链库存管理策略

（一）供应商管理库存（VMI）

供应链下的 VMI

供应商管理库存是指将管理和补充库存的责任从客户方转向供应方。相对于按照客户发出的订单进行补货的传统做法，在供应商管理库存策略下，客户不再需要主动向供应商订货，只需要把销售情况、商品的利用率或消耗率等信息与供应商共享。利用这些信息，供应商就可以更好地计划和安排原材料采购、生产及产品的配送，客户也能更容易、更可靠地获得产品。通过这种策略，供应商可以降低安全库存量，提高资产利用率。

对客户而言，在降低库存量的同时，缺货的风险也降低了。在某些情况下，客户在商品被销售前甚至不用支付货款，这就大大减轻了企业的资金负担。供求双方都可以从中获益。供应商管理库存是“信息取代库存”原理的经典范例，也是供应链环境下的一种库存运作模式，本质上，它是将多级供应链问题变成了单级库存管理问题。

（二）联合库存管理（JMI）

联合库存管理是指供应链成员企业共同制订库存计划，并实施库存控制的供应链库存管理方式。在 JMI 模式下，库存管理不再是独立的运作过程，而是一个整体的过程。

联合库存管理是在供应商管理库存的基础上发展起来的，可看作 VMI 的进一步发展与深化，是上游企业和下游企业权利责任平衡且风险共担的库存管理模式。联合库存管理强调供应链中各个节点同时参与，共同制订库存计划，使供应链过程中的每个库存管理者都从相互之间的协调性角度进行考虑，使供应链各个节点之间的库存管理者对需求的预期保持一致，从而消除需求变异放大现象。任何相邻节点需求的确定都是供需双方协调的结果，库存管理不再是各自为政的独立运作过程，而是供需连接的纽带和协调中心。联合库存管理把供应链系统管理进一步集成为上游和下游两个协调管理中心，库存连接的供需双方从供应链整体的观念出发，同时参与、共同制订库存计划，实现供应链的同步化运作，进而部分地消除了由于供应链环节之间的不确定性和需求信息扭曲现象而产生的供应链的库存波动。

联合库存管理可借助第三方物流具体实施。由第三方物流公司代理库存管理部分功能，企业可以更加集中于自己的核心业务，增加了供应链的敏捷性和协调性，提高了服务水平和运作效率。

（三）协同式供应链库存管理（CPFR）

20 世纪 90 年代末，一种面向供应链的策略的协同计划、预测和补货技术开始应用。协同计划、预测和补货是一种协同式的供应链库存管理技术，它能在降低销售商的存货量的同时，增加供应商的销售量。国家标准《物流术语（修订版）》中，CPFR

被定义为：应用一系列的信息处理技术和模型技术，提供覆盖整个供应链的合作过程，通过共同管理业务过程和共享信息来改善零售商和供应商之间的计划协调性，提高预测精度，最终达到提高供应链效率、减少库存和提高客户满意程度等目的的供应链库存管理策略。

零售商与制造商之间应用 CPFR 的四种最普遍的情形，如表 6－2 所示。

表 6－2　零售商与制造商之间应用 CPFR 的四种最普遍的情形

CPFR 情形	供应链中的应用领域	应用的行业
零售活动协同	经常促销的渠道或种类	除了实施每日低价策略的所有行业
配送中心补货协同	配送中心或分销配送中心	药品、硬件、杂货业
商店补货协同	向商店直接送货或零售配送中心向商店送货	大宗批发店、俱乐部商店
协同分类计划	服装和季节性产品	百货商店、专业零售

1. 零售活动协同

零售活动协同要求双方确认合作中的品牌和产品最小库存单元。双方还必须共享详细的活动信息，如活动开始时间、活动持续时间、价格点、广告及陈列战术等。当活动信息发生变化时，零售商必须更新信息，然后对活动进行预测，并共享此信息，再根据这些预测确定计划订单和交货安排。当活动开始进行时，要监控销售量以确认任何变化或例外情况，这些变化和例外情况由双方多次协商解决。例如，宝洁公司与许多合作伙伴，如沃尔玛公司，已完成某种形式的零售活动协同。

2. 配送中心补货协同

配送中心补货协同可能是实践中最常见，也是最容易实施的协同形式。在这种情形中，贸易双方协同预测配送中心的出货或配送中心对制造商的期望需求。这些预测被转化为配送中心向制造商下的订单流，这些订单在一定时间期限内被承诺或锁定。制造商可以将这些订单纳入将来的生产计划，并根据实际需求进行生产。因此，它降低了制造商的生产成本，也降低了零售商的库存和缺货数量。

配送中心补货协同相对较容易实施，因为它需要的是综合预测协同，而不是共享详细的 POS 数据。因此，它通常是协同的开始。随着时间的推移，这种形式的协作可以扩展到供应链上从零售商货架到原材料仓库的所有存储点。

3. 商店补货协同

在商店补货协同中，贸易伙伴在商店 POS 数据预测的基础上进行协同。然后这些预测转化为一系列商店订单，这些订单在一定期限内得到承诺。这种形式的协作比配送中心补货协同较难实施，特别是当商店较小时。商店补货协同对于较大型商店，如好事多会员仓储零售商而言较容易实施。商店补货协同的好处是制造商可以获得更明晰的销售数据，提高了补货准确度，提高了产品供给水平并减少了库存。这种协作对于新产品和促销来说更为有益。

4. 协同分类计划

服装及其他季节性产品的需求满足季节性模式，因此，这些产品的协调计划只有一个季节周期，并在季节交替时进行。由于需求存在季节性，因此预测对历史数据依赖较少，而更依赖于对行业趋势、宏观因素和顾客品位的协同分析。在这种协作形式中，贸易伙伴共同开发分类计划。它的输出是样式/颜色/尺寸的计划采购订单。计划订单有助于制造商采购那些提前期较长的原材料并安排产能。当产能具有相当的柔性能够生产多种产品并且原材料对于不同的最终产品而言有一些共性时，这种协同形式最有用。

思考练习

1. 什么是库存？库存有哪些作用？
2. 库存的类型有哪些？
3. 库存管理与控制的内容有哪些？
4. 什么是供应商管理库存？

技能训练

宝洁供应链优化

宝洁供应链优化的总体思路就是通过压缩供应链时间，提高供应链反应速度，来降低运作成本，最终提高企业竞争能力。从宝洁供应链上下游之间的紧密配合方式进行分析，寻找可以压缩时间的改进点，从细节入手，以时间的压缩换取市场更大的空间。

一、供应商管理时间压缩

供应链合作伙伴关系不应该仅仅考虑企业之间的交易价格本身，还有很多方面值得关注。比如完善的服务、技术创新、产品的优化设计等。宝洁和供应商一起探讨供应链中的非价值增值点以及改进机会，压缩材料采购提前期，开发供应商伙伴关系，建立相互信任关系。压缩供应商管理时间主要通过以下四点来实现。

1. 对不同的材料实行不同的管理策略

洗发水生产原材料供应最长时间 105 天，最短 7 天，平均 68 天。根据原材料的特点，宝洁公司将其分为 ABC 三类分别进行管理：A 类品种占总数 5%～20%，资金占 60%～70%；C 类品种占总数 60%～70%，资金占<15%；B 类介于二者之间。此外，将不同的材料管理策略分为全面合作、压缩时间和库存管理三类。

对材料供应部分的供应链进行优化，将时间压缩和库存管理结合起来。比如，原材料 A 供应提前期 105 天，但是订货价值只占总价值的 0.07%，不值得花费很多精力讨论缩短提前期。而原材料 B 虽然提前期只有 50 天，但是年用量却高达总价值的 24%，因此对这样的材料应该重点考虑。

2. 原材料的库存由供应商管理

宝洁的材料库存管理策略是供应商管理库存（VMI）。对于价值低、用量大、占用存储空间不大的材料，在供应链中压缩时间的机会很少，这类材料占洗发水材料的 80%，适合采用供应商管理库存的方式来下达采购订单和管理库存。库存状态的透明性是实施 VMI 的关键。首先双方要一起确定供应商订单业务处理过程所需要的信息和库存控制参数；其次要改变订单处理方式，建立基于标准的托付订单处理模式；最后把订货交货和票据处理等业务处理功能集成在供应商一边。

以广州黄埔工厂为例，黄埔工厂将后面 6 个月的销售预测和生产计划周期性地和供应商分享。供应商根据宝洁的计划制订自己的材料采购计划，并根据宝洁生产计划要求提前 12 天送到宝洁工厂。宝洁使用材料之后付款。对供应商来说，不必为宝洁生产多余的安全库存，自己内部的计划安排更有灵活性；对宝洁来说，节省了材料的下单和采购成本。实际的材料采购提前期只是检测周期，至于原材料 A，采购提前期由 81 天缩短到 11 天，库存由 30 天减少到 0。

3. 压缩材料库存的时间

对于价值不高、用量大且占用存储空间很大的材料，以及价值不高但存储空间很大的材料，适合采用压缩供应链时间的方法来管理。这类材料大概占所有材料的 15%。对这类材料，不能只采取传统的库存方法，因为高频率、小批量、多变的生产方式对材料供应的要求更高。如果供应时间长，则要求工厂备有很大的安全库存。只有通过压缩时间的方法，才能保证材料的及时供应和库存不变或者降低。

对洗发水材料进行分析，原材料 B 属于 A 类材料，用量大，但是存储空间不是很大，适宜采取压缩供应时间的管理方式。对无价值时间进行消除，对有价值时间进行改进。材料 AE03 由国外指定供应商提供 CFA，在北京生产为 AE03，再运到广州，采购提前期为 72 天。供应链活动可以分为五种，分别为：T—运输；S—存储；P—生产；I—检测；D—延迟。AE03 这五类活动的时间分别为：34.9 天、12.5 天、2.0 天、7.8 天、14.6 天。真正有价值的时间只有生产和运输两种，检测、存储以及延迟都是无价值时间。

通过考察供应商在质量方面的日常表现，对材料实施免检放行。由于存储时间和运输时间的改变，以及延迟时间和检测时间的减少，总体时间最后减少了 18 天。材料库存从 30 天减少到 20 天，库存价值每个月减少了 2 万美元。

4. 与供应商进行全面合作

在洗发水供应链中，总会有一两个供应商供应用量大、占据空间大、价值高的 A 类材料。比如对黄埔工厂来说主要是洗发水瓶供应商。这类供应商供应提前期已经很短，找不到时间压缩的空间，所以宝洁和供应商一起同步进行供应链优化，寻找操作和管理系统中进行时间压缩的机会。

首先是供应商内部进行改进。瓶形之间转产时间 1 小时，为不同品种的洗发水瓶确定不同的生产周期。对于个别品种，以建立少量库存的方式保证供货，在生产能力有闲暇的时候生产这些品种补充库存。

其次是供应商和宝洁合作改进。将 100 多种印刷版面合并成 80 多种，减少了转产频率。在材料送货方面，为适应多品种小批量的要求，宝洁雇用专门的运输商每天将同一区域的材料收集起来运送到宝洁的工厂。与供应商各自进行运输相比，这种形式运输成本明显降低，更好地满足了客户要求。

二、内部供应链时间压缩

除了加强与供应商之间的合作和共享信息，宝洁还对企业内部供应链时间压缩进行了改进。

1. 用产品标准化设计压缩时间

摒弃原来不同品牌洗发水使用不同形状瓶盖的包装设计，改为所有洗发水品牌对于同一种规格使用性质完全一样的瓶盖，不同的产品以不同的瓶盖颜色和印刷图案区分。这样就减少了包装车间转产次数。例如旧的设计方案，海飞丝 200mL 转产到飘柔 200mL，转线操作需要 25 分钟。统一包装设计之后，包装车间无须机器转线，只需要进行 5 分钟的包装材料清理转换即可。这项改进减少了包装车间 20%的转线操作，从原来的每月 112 小时减少到每月 90 小时。

2. 用日计划来缩短计划时间

宝洁的洗发水生产最短的循环周期是 7 天，平均 14 天，最长 30 天。由于洗发水生产循环周期太长，需要在几天之内增加/减少产量时，工厂没有时间快速调整。

现在宝洁公司推行每日生产计划，从每周制订下周的生产计划变化为每日制订第二日的生产计划。这样大大缩短了供应链反应时间，加快了产品对市场变化的反应。

3. 用工艺改进生产过程以压缩时间

宝洁洗发水产品制造车间有 8 个储缸，生产 16 种不同配方的洗发水。宝洁公司要求公司内部生产部门保证 85%以上的工艺可靠性。其中，洗发水配方和品种的区别如下：一个洗发水配方对应多个品种，品种之间的不同是因为一些添加剂如香精、色素和某些特殊的营养成分等不同。

对现状进行分析后，制造部门进行了如下改进：洗发水生产部门和技术部门合作，制订了储缸分配计划来减少转产并减少生产批量，分别生产 5 种 A 类配方产品，制造车间每次生产 12 吨，即一个储缸的量。包装车间可以根据每笔订单需求量的大小，选择不同的批量大小包装产品。即使 6～16 号配方每天都在车间生产一遍，转产的损失也只有 5%，远远低于 15%的上限。

4. 缩减不增值过程以缩短包装时间

包装部门的改进策略主要考虑以下三点：减少转产时间、减少非计划停机时间、人员技能的提高。

包装部门提出了“减少转产时间”的两点策略：配方之间的转换——洗线，不同包装形式之间的转换——洗线。生产部和工程部成立了转产改进小组，合作进行洗发水的管道改进项目，来减少洗线时间以及洗线过程中香液的浪费。在洗发水输送管道中，增加一种类似活动活塞的器件，洗线时活塞可以快速地把香液从储缸送到包装线，这个过程非常迅速，相对于正常的输送时间可以忽略不计。通过这些改进，洗线时间由 40 分钟下降到了 25 分钟。

（1）减少包装尺寸的转换时间。将一些尺寸不同，转换时必须更换的零件设计成一个零部件可以同时包容两个到三个包装尺寸的形式，在转线时只需更换一下相位就可以了，其效果使转线时间从原来的 25 分钟降低到了 15 分钟。

（2）减少非计划停机时间。原来包装部门在 15%的生产可靠性损失中，有 9%是非计划停机时间，如机器故障、临时的机器维修等。改进后，非计划停机的时间损失由原来的 9%降低到 4%。

（3）人员技能的提高。由于采用每日计划，生产部对人员安排的可预见性大大降低，这对生产部人员管理是一个巨大的挑战。针对这一现状，宝洁公司实施“人员技能提高”策略，改变相应的人员管理和培训制度，使员工在任务紧的时候，可以在不同生产线随意调配；在生产任务不紧的时候，员工可以自主做一些自我培训或者改进项目。

包装部门改进后的总体效果是：在每日计划模式下，转产频率比以前提高三倍，洗线时间由 40 分钟降低到了 25 分钟，非计划停机时间由原来的 9%降低到 4%。人员技能更全面，对生产计划的改变更灵活，生产可靠性仍然保持了超过 85%的水平。平均每天生产的品种从原来的 10 种增加到 30 种，反应能力大大提高，库存大大降低。

5. 优化仓储管理以缩减货物存取时间

以黄埔工厂管理为例，黄埔工厂的仓储在开始实施每日计划时也同步进行了改进。原来的情况是有两种货架：一种是叉车可以从提货通道提取任何一个地台板的选择式货架，适合产量不大的品种；另一种是开入式的 3 层货架集中设计，每次出货入货的最小单位都是 12 个地台板，大约相当于 6 吨洗发水产品，即一个最小的生产批量。

宝洁公司做了如下改进：增加一个货架设计，仍然是 3 层开入式提取和存放货物。但是通过改进，每一层存放的都是一个单独的产品品种，即每次出货入货的最小单位是 4 个地台板，相当于最小批量是 2 吨的洗发水成品，从而能够根据规模在合适的货架对产品进行存放和提取。

三、供应链下游优化

1. 运输环节的优化与管理

从工厂到全国仓库采用第三方物流运送，与物流供应商签订详细的运输协议，衡量运输商的可靠性和灵活性。每天跟踪运输业绩，考察由供应商造成的货物损坏率，以及由运输不及时造成的客户订单损失。利用统计模型分析不同类型产品的运输调货频率，进行最优化设计，找到保留库存、卡车利用率和满载率之间的平衡点。

2. 与客户之间的订单处理与信息共享

与大客户建立电子订单处理系统，比传统的电话传真更快捷。与个别客户统一产品订货收货平台，及时了解客户的销售活动信息，如开店促销等，并反馈回工厂，保证客户在进行新的市场活动时，宝洁有充足的产品供应。

宝洁公司通过与供应链上下游伙伴的合作，不断挖掘自身生产过程中的时间压缩机会，以实现对客户需求的快速响应，不断夯实作为公司重要竞争力的供应链反应速度。

资料来源：佚名．宝洁供应链优化案例．(2020-02-27)[2021-05-03]. https://zhuanlan.zhihu.com/p/109394187.

一、实训名称

宝洁公司供应链库存的优化。

二、实训目标

通过学习了解宝洁是如何优化供应链库存的，了解供应链库存管理，并能掌握基本的供应链库存控制方法。

三、实训内容

1. 宝洁公司优化供应链的思路体现了怎样的供应链管理思想？
2. 宝洁公司为了压缩供应链时间都采取了哪些措施？
3. 压缩供应链时间为宝洁公司带来了哪些好处？
4. 宝洁公司优化供应链的做法对你有什么启示？

项目七

供应链下的合作伙伴关系管理

知识目标

1. 掌握供应链合作伙伴关系的概念
2. 了解供应链合作伙伴关系形成的原因
3. 掌握供应链合作伙伴关系的发展过程
4. 了解供应链合作伙伴关系管理的目标
5. 熟悉供应链合作伙伴选择的原则
6. 了解供应链合作伙伴选择的方法

技能目标

1. 能够分析企业供应链合作的目标
2. 能够制订供应链合作的计划

任务一 供应链合作伙伴关系认知

案例导入

江淮汽车与大众合作，为新的合资合作模式提供了范本

放眼全球，中国汽车产业是竞争最激烈的市场之一，也是新车销量最大的一个单一市场。为应对行业带来的挑战，江淮汽车实现了与大众合作，借助大众的诸多资源，在研发、制造、质量等方面深入学习先进经验，为江淮汽车的乘用车积蓄力量。

江淮大众是大众汽车集团在华的第三家合资公司，也是获得国家发展改革委核准批复放开的首个新能源合资项目。2018 年 4 月，江淮大众发布全新纯电动汽车品牌——

思皓，该品牌的首款车型也首次亮相。该车结合了大众汽车集团在中国 30 多年所积累的经验和江淮汽车的技术实力，同时融入风格鲜明的欧洲设计，体现了双方紧密合作的协同效应。

在与大众的合作方面，江淮汽车打破了传统的合资合作模式，紧扣中国汽车强国战略和新能源汽车技术路线图，共创一个全新的、国际化的新能源汽车品牌，共建一个独立的、完整的、国际一流的新能源研发体系，并不断拓展在移动出行、车辆互联、大数据等新业务领域的合作。业内普遍认为，江淮汽车与大众合作为新的合资合作模式提供了范本。

中金公司报告认为，江淮汽车与大众合作创立的全新品牌思皓首款车型已经亮相，公司也已同大众和西亚特汽车签署了共同投资建立新能源研发中心的备忘录，使江淮汽车与大众的合作关系不断加深。江淮汽车凭借其具有成本优势的电动车平台和技术，有望成为大众在华的高性价比新能源造车中心。

事实上，在对外开放合作的路上，江淮汽车正在走深走实。2018 年 11 月 28 日，大众汽车集团（中国）、安徽江淮汽车集团股份有限公司及西雅特在西班牙签署了谅解备忘录，合作方将基于各自的技术实力和产品储备，共同开发一个电动汽车平台，用于生产江淮大众车型。十余天后，江淮大众新能源乘用车项目研发中心在合肥市破土动工，成为江淮大众在中国汽车产业创新发展的重要基石。2019 年 5 月 27 日，江淮大众的合资伙伴三方共同签署协议，确认进一步推动西雅特中国战略，未来二至三年内要将西雅特品牌引入中国。

“开放合作”已成为当前我国汽车业发展的关键词之一。而汽车产业的改革与开放是大势所趋，在汽车产业国内国外竞争均进入白热化阶段的背景下，江淮汽车将继续深入与大众的合作，加强价值链资源的优势互补、整合和利用。

资料来源：佚名. 江淮汽车与大众合作，为新的合资合作模式提供了范本.（2020-10-20）[2021-05-03]. https://www.sohu.com/a/425971281_120227716? scm=1019.e000a.v1.0&spm=smpc.csrpage.news-list.26.1617847105201bcTd9w9.

案例思考：

1. 江淮汽车为什么要与大众汽车合作？
2. 江淮汽车与大众汽车合作之后，会给各自带来什么好处？
3. 在两家企业合作的过程中，你觉得会出现的最大的问题是什么？

全球竞争中先进管理技术的发展要求企业将自身业务与合作伙伴的业务集成在一起，缩短相互之间的距离，站在整个供应链的角度考虑增值，所以许多成功的企业都将与合作伙伴的附属关系转为建立联盟或战略合作关系。

供应商选择

一、供应链合作伙伴关系的概念

供应链合作伙伴关系，就是供应链中上下游实体之间达成的一种长期合作的战略关系。供应链上下游企业间通过建立良好的供应链伙伴关系，共同降低供应链成本，提高供应链反应速度，从而增加供应链的价值。供应链合作伙伴关系强调合作和信任、新产品或技术的共同开发、数据和信息的交换、市场机会共享和风险共担。在供应链合作伙伴关系环境下，制造商选择供应商不再只考虑价格，而是更注重选择能在优质服务、技术革新、产品设计等方面进行良好合作的供应商。

供应链合作伙伴关系

二、供应链合作伙伴关系的形成原因

在传统的观念中，企业之间的关系是“买-卖”关系，谈不上企业间的战略联盟与合作。为了达到生产的均衡化和物流同步化，企业的各部门间以及企业之间开始合作与沟通。但这种基于物流关系的合作，仅仅处于运作层或技术层。随着科技的飞速发展和市场竞争的日益激烈，企业间的物流合作关系已不能适应企业发展的需要，企业需要从战略的高度来考虑企业之间的合作，于是供应链合作伙伴关系应运而生。其产生具体来说是基于以下几个方面的需求：

（1）降低供应链总成本；

（2）降低库存水平；

（3）增强信息共享；

（4）改善相互之间的交流；

（5）保持战略伙伴相互之间操作的一贯性；

（6）产生更大的竞争优势；

（7）改善供应链节点企业的财务状况；

（8）提高用户满意度和业绩。

供应链合作伙伴关系发展的主要特征就是从以产品、物流为核心转向以集成、合作为核心。在集成与合作逻辑思想的指导下，供应商和制造商把它们各自的需求和技术集成在一起，实现为制造商提供最有用产品的共同目标。

三、供应链合作伙伴关系的发展过程

（一）传统关系阶段

20 世纪 70 年代到 80 年代，在这个阶段，企业的管理还停留在传统的观念中，上下游企业之间的关系是以传统的产品买卖为特征的短期合同关系。买卖关系是基于价格的关系，买方在卖方之间引起价格的竞争并在卖方之间分配采购数量来对卖方加以控制。

（二）物流关系阶段

20 世纪 90 年代，上下游企业之间的关系以加强基于产品质量和服务的物流关系为特征，对物料从供应链上游到下游的转换过程进行集成，注重服务的质量和可靠性，供应商在产品组成、柔性、准时等方面的要求较高。

（三）合作伙伴关系阶段

21 世纪初期，企业与其合作伙伴在信息共享、服务支持、并行工程、群体决策等方面进行合作，强调基于时间（Time-based）和基于价值（Value-based）的供应链管理。

（四）网络资源关系

未来，随着计算机网络技术的不断发展，企业会更加重视集成化战略合作伙伴关系和注重信息共享的网络资源关系。随着信息技术的高度发展以及在供应链节点企业间的高度集成，供应链节点企业间的合作关系最终会发展为网络资源关系。

四、供应链合作伙伴关系管理的目标

供应链合作伙伴关系管理，就是通过缩短供应链提前期、降低供应链库存水平、提高最终产品竞争力，更好地满足供应链最终消费者的需求。通过建立供应商与制造商之间的战略合作关系，可以达到以下目标。

（一）对于供应链上的采购方

（1）降低成本（或合同成本）；

（2）实现数量折扣，形成稳定而有竞争力的价格；

（3）提高产品质量，降低库存水平；

（4）改善时间管理；

（5）缩短交货提前期，提高可靠性；

（6）改善面向工艺的企业规划；

（7）带来更好的产品设计和对产品变化更快的反应速度；

（8）强化数据信息的获取和管理控制。

（二）对于供应链上的供应方

（1）保证有稳定的市场需求；

（2）更好地了解/理解用户需求；

（3）提高运作质量；

（4）提高零部件生产质量；

（5）降低生产成本；

(6) 提高对买主交货期的变化的反应速度和柔性；

(7) 获得（比非合作伙伴关系的供应商）更高的利润。

（三）对于供应链上的供应双方

(1) 改善相互之间的交流；

(2) 实现共同的期望和目标；

(3) 共担风险和共享利益；

(4) 共同参与产品和工艺开发，实现相互之间的工艺集成、技术和物理集成；

(5) 减少外在因素的影响及其造成的风险；

(6) 减少投机思想，降低投机概率；

(7) 增强矛盾冲突的解决能力；

(8) 在订单、生产、运输上实现规模效益以降低成本；

(9) 减少管理成本；

(10) 提高资产利用率。

任务二 供应链合作伙伴的选择

案例导入

吉利与腾讯合作，将在智能座舱等领域开展合作

2021 年，吉利汽车集团与腾讯在杭州签署战略合作协议，在智能座舱、自动驾驶、数字化营销、数字化底座、数字化新业务及低碳发展等领域展开战略合作。腾讯将助力吉利完成“用户全生命周期”数字化升级，打通产品研发、制造、营销、使用、用户运营、售后服务等全产业链上各个环节的数字化闭环。同时，双方还将共同推进汽车全产业链的低碳发展，共建“碳中和”开放平台，提升企业 ESG 治理水平，探索长期可持续发展。

此外，双方将共同打造下一代智能座舱，融合吉利、腾讯两大生态打通手机端和汽车端服务场景。双方还将展开自动驾驶虚拟仿真及云平台方面的合作，加速自动驾驶产品的研发及应用验证，并推动相关标准和法规的完善。

吉利还表示，此次合作将基于吉利最新研发的全球领先纯电动架构“SEA 浩瀚智能进化体验架构”展开。该架构基于全球智能电动汽车前沿科技，突破传统造车边界，

通过硬件层、系统层、生态层的整合，致力于构建无限互动延展的未来出行服务体系，为用户提供持续优化的个性化服务与不断升级的移动出行生活。随着双方合作的落地，腾讯方面也将为吉利提供更多数字化能力，让更多用户享受到其车载生态内容服务。

其实早在2019年6月，吉利控股集团战略投资企业亿咖通科技（ECARX）就与腾讯车联签署了战略合作协议，在智能网联服务、联合用户运营、AI及云技术等领域展开深度合作。目前，腾讯车联服务已经陆续接入吉利汽车和领克多款车型。

资料来源：ZAKER汽车．吉利与腾讯合作，将在智能座舱等领域开展合作．（2021-01-20）[2021-05-03]. https://www.sohu.com/a/445695652_120440806?scm=1019.e000a.v1.0&spm=smpc.csrpage.news-list.41.1617847105201bcTd9w9.

案例思考：

1. 供应链合作对企业的经营能够起到什么作用？
2. 吉利作为一家汽车公司，你认为它为什么要选择与腾讯合作？

一、供应链合作伙伴的类型

根据合作伙伴的重要程度，可将供应链合作伙伴分为两个类型：重要合作伙伴和次要合作伙伴。重要合作伙伴是少而精、与制造商关系密切的合作伙伴，而次要合作伙伴是相对较多、与制造商关系不太密切的合作伙伴。供应链合作关系的变化主要影响重要合作伙伴，而对次要合作伙伴的影响较小。

根据合作伙伴在供应链中的增值作用和竞争实力，可将供应链合作伙伴分成战略性合作伙伴、普通合作伙伴及其他合作伙伴。对于长期需求而言，要求合作伙伴能保持较高的竞争力和增值率，因此最好选择战略性合作伙伴；对于短期或某一短暂市场需求而言，只需选择普通合作伙伴满足需求即可，以保证成本最小化；对于中期需求而言，可根据竞争力和增值率对供应链的重要程度的不同，选择其他不同类型的合作伙伴（有影响力的或竞争性/技术性的合作伙伴）。

二、供应链合作伙伴选择的原则

（一）具有核心能力

即要求参加供应链的合作伙伴，必须具有并能为供应链贡献自己的核心能力，而这一核心能力也正是供应链确实需要的，从而避免重复投资。

（二）实现总成本最小化

即实现供应链总成本最小化，从而实现多赢的战略目标，要求伙伴之间具有良好的信任关系，连接成本较小。

（三）具有较高的敏捷性

供应链管理的一个主要目标就是把握快速变化的市场机会，因而要求各个伙伴企业具有较高的敏捷性，对来自供应链核心企业或其他伙伴企业的服务请求具有一定的快速反应能力。

供应商选择标准

（四）尽量减少风险

供应链运营具有一定的风险性，只不过在合作伙伴之间得到了重新分配。因为伙伴企业具有不同的组织结构、技术标准、企业文化和管理观念，所以必须认真考虑风险问题，尽量回避或减少供应链整体运行的风险。

三、供应链合作伙伴选择的方法

选择合作伙伴的方法较多，一般要根据供应单位的多少、对供应单位的了解程度以及对物资的需要是否紧迫等要求来确定。目前，较常用的方法主要有以下几种。

（一）直观判断法

直观判断法是指根据征询和调查所得的资料并结合人的分析判断，对合作伙伴进行分析、评价的一种方法。这种方法主要是倾听和采纳有经验的采购人员的意见，或者直接由采购人员凭经验做出判断，常用于选择企业非主要原材料的合作伙伴。

（二）招标法

当订购数量大、合作伙伴竞争激烈时，可采用招标法来选择适当的合作伙伴。它是指由企业提出招标条件，各招标合作伙伴进行竞标，然后由企业决标，与提出最有利条件的合作伙伴签订合同或协议。招标法可以是公开招标，也可以是指定竞标。公开招标对投标者的资格不予限制；指定竞标则由企业预先选择若干个可能的合作伙伴，再进行竞标和决标。

招标方法竞争性强，企业能在更广泛的范围内选择适当的合作伙伴，以获得供应条件有利的、便宜而适用的物资。但招标法手续较繁杂，时间长，不能适应紧急订购的需要；订购机动性差，有时订购者对投标者了解不够，双方未能充分协商，造成货不对路或不能按时到货。

（三）协商选择法

在供货方较多，企业难以抉择时，也可以采用协商选择的方法，即由企业先选出供应条件较为有利的几个合作伙伴，同他们分别进行协商，再确定适当的合作伙伴。与招标法相比，协商选择法由于供需双方能充分协商，在物资质量、交货日期和售后服务等方面较有保证。但由于选择范围有限，不一定能得到价格最合理、供应条件最有利的供应来源。当采购时间紧迫、投标单位少、竞争程度小、订购物资规格和技术条件复杂时，协商选择法比招标法更为合适。

（四）采购成本比较法

对质量和交货期都能满足要求的合作伙伴，则需要通过计算采购成本来进行比较分析。采购成本一般是售价、采购费用、运输费用等各项支出的总和。采购成本比较法是指通过计算分析针对各个不同合作伙伴的采购成本，选择采购成本较低的合作伙伴的一种方法。

任务三 供应链合作伙伴关系的构建

案例导入

生鲜电商规模骤增，企业决胜供应链

生鲜电商在2020年的爆发之势不容小觑。“截至目前，叮咚买菜已在全国10余个城市开设700余家前置仓，日订单量突破70万单，预计2020年度GMV达到200亿元。”2020年10月27日，叮咚买菜相关负责人向《时代周报》记者表示。而年初时，叮咚买菜CEO梁昌霖曾公布，其2019年的成交总额（GMV）方才突破50亿元。这并不是个例。根据易观2020年5月发布的行业报告，在新冠肺炎疫情的影响下，生鲜电商迎来了流量红利期，2020年第一季度活跃用户相较同期增长了65.7%。

在此背景下，9月17日，每日优鲜创始人兼CEO徐正对外表示，生鲜到家已经进入供应链为王的时代。“未来5年，每日优鲜会重仓供应链，决胜第一公里，所有时间、精力、资源会第一优先配置到供应链上。”徐正表示。

供应链会是下一个决胜场吗?

初具规模

易观分析报告显示，2019年中国生鲜电商市场规模稳步增长，达到5 449.4亿元；2020年，市场规模预计能达到7 589.1亿元。

目前，生鲜电商在用户培育上已经初显成效。易观分析在报告中提及，生鲜电商活跃用户近年实现稳步增长，全网活跃用户渗透率由2017年的2.0%提升到了4.2%；2019年全年季度同期增速超过20%。

10月31日，百联咨询创始人庄帅向《时代周报》记者表示，行业目前已初具规模，“前期可以说是生鲜电商集体的试错阶段，现在许多平台已经在保证自己存活的前提下做出了规模，确认了各自的赛道”。

深度竞争

2020年9月，每日优鲜副总裁刘智丹对外表示，未来5年，生鲜到家会成为主流人群的主流购买渠道。“到 2025 年，中国生鲜市场预计会有 6 万亿元的规模，以 20% 的线上渗透率计算，5 年后整个生鲜到家会有万亿的规模。”刘智丹说。

更大的规模呼吁着更强的供应链。年初疫情的暴发，生鲜线上需求量暴涨，曾给生鲜电商的供应链带来压力。本来生活相关负责人表示，供应链能力是生鲜电商企业的核心。“任何一次大的行业或者社会事件的突发，都是对企业供应链能力的考验。”

供应链成为各家加码的重点

每日优鲜于2020 年 9 月宣布，会正式启动“百亿俱乐部”计划，在未来 5 年投入 100 亿元，扶持 100 个亿级合作规模供应商；挖掘、孵化、聚合一批优质合作伙伴，建立 80%源头直采、50%联合品牌、20%战略投资的供应链生态。

叮咚买菜相关负责人则向《时代周报》记者表示，该公司正在打造智慧供应链，最大限度地将供应链数字化、智能化，降本增效。“生鲜易损、供应集中的特点决定了只有可确定的、可控的供应链，以及品质确定、品类确定，才能解决商品从原产地到餐桌的一系列难题。”

10 月 26 日，北京京商流通战略研究院院长赖阳告诉《时代周报》记者，今后各家对于供应链的建设会更加深入，“供应链一直都是各家加码的方向，但原来的建设规模有限，现在，到了往纵深延伸的时机了”。

资料来源：陈婷. 生鲜电商规模骤增，企业决胜供应链.（2020-11-16）[2021-05-03]. https://www.sohu.com/a/432191503_237556? scm=1019.e000a.v1.0&spm=smpc.csrpage.news-list.1.16178482183398aq0Tsx.

案例思考：

1. 分析生鲜电商选择物流企业开展供应链合作的过程。
2. 两者在合作的过程中应该注意哪些问题？

一、供应链合作伙伴关系构建的步骤

（一）分析市场竞争环境

供应链合作伙伴评价及选择的步骤

建立基于信任、合作、开放性交流的供应链长期合作关系，首先需要分析市场竞争环境。企业需要知道自身产品需求是什么、产品的类型和特征是什么。然后分析确定是否有建立供应链合作关系的必要，如果已建立供应链合作关系，则根据需求的变化确认供应链合作关系变化的必要性。

（二）确立合作伙伴选择目标

企业必须确立供应链合作伙伴选择目标。其中降低成本是主要目标之一，合作伙伴的评价、选择不只是一个简单的评价、选择过程，它本身也是企业自身和企业与企业之间的一次业务流程重构过程，实施得好，它本身就可带来一系列的利益。

（三）制定合作伙伴评价标准

合作伙伴综合评价的指标体系是企业对合作伙伴进行综合评价的依据和标准，是反映企业本身和环境所构成的复杂系统不同属性的指标。企业要根据系统全面性、简明科学性、稳定可比性、灵活可操作性的原则，建立集成化供应链管理环境下合作伙伴的综合评价指标体系。不同行业、企业、产品需求以及不同环境下的合作伙伴的评价标准应是不一样的，但不外乎合作伙伴的业绩、设备管理、人力资源开发、质量控制、成本控制、技术开发、用户满意度、交货协议等可能影响供应链合作关系的方面。

（四）成立评价小组

企业必须建立一个小组以控制和实施合作伙伴评价。组员以来自采购、质量、生产、工程等与供应链合作关系密切的部门为主，组员必须有团队合作精神，并具有一定的专业技能。评价小组必须同时得到制造商企业和合作伙伴企业最高领导层的支持。

（五）合作伙伴参与

一旦企业决定进行合作伙伴评价，评价小组必须与初步选定的合作伙伴取得联系，以确认他们是否愿意与企业建立供应链合作关系，是否有获得更高业绩水平的愿望。企业应尽可能早地让合作伙伴参与到评价的设计过程中来。然而，因为企业的力量和资源是有限的，企业只能与少数的、关键的合作伙伴保持紧密合作。

（六）评价合作伙伴

评价合作伙伴的一个主要工作是调查、收集有关合作伙伴的生产运作等全方面的信息。在收集合作伙伴信息的基础上，就可以利用一定的技术方法进行合作伙伴的评价了。

（七）实施供应链合作关系

在实施供应链合作关系的过程中，市场需求将不断变化，可以根据实际情况的需要及时修改合作伙伴评价标准，或重新开始合作伙伴评价选择。在重新选择合作伙伴的时候，应给予旧合作伙伴足够的时间以适应变化。

二、构建供应链合作伙伴关系需要注意的问题

（一）合同问题

供应链企业间的合同有两种：一种是长期合同，即原则性合同，确立两企业间的长期合作；另一种是短期合同，如订货合同，这种合同几乎每天都会发生。这两类合同从根本上规范了供应链企业间的行为。不同的供应商级别，在签订合同的时候，长期和短期要有所区别。

（二）知识产权问题

由于供应链和知识产权各自的特点，知识产权问题是供应链中所涉及的一个重要

法律问题。供应链中的知识产权包括商标权、专利权、专属知识产权等。商标共用现象在供应链中普遍存在，产品到用户手中时只会有一个商标品牌，这个品牌在名义上属于整个供应链，需要所有参与生产该产品的企业共同去维护。这就需要确认由谁真正承担保护商标的责任？如何承担？当外侵出现时，对商标的保护比较容易——一致对外；但当出现内扰时如何控制？特别是在保护策略不同，商标具体属于某个企业时，如何去要求其他企业共同维护这一资源？

如何应对供应商涨价

（三）利益协调问题

供应链上合作企业之间的产品，是通过采购活动传递的，也就是说，上下游企业间，是采购与供应的关系，即供应链上企业间的利益，是通过采购来完成分配的，那么，如何来制定供应链上各个环节的供应价格，就显得至关重要。供应链定价反映共同利润在企业间的分配情况。在供应链环境下，各个企业在战略上是相互合作关系，但是各个企业的利益都不能被忽视。供应链获得的总的利润需要在供应链中各个企业间进行合理的分配，这种合理分配主要体现在价格上。产品传递价格的高低实际上反映了企业所得利润的多少。

思考练习

1. 什么是供应链合作伙伴关系？
2. 供应链合作伙伴关系管理的目标有哪些？
3. 供应链合作伙伴选择的原则有哪些？
4. 供应链合作伙伴关系构建的步骤是怎样的？需要注意哪些问题？

技能训练

“互联网+”背景下，电商供应链发展探析

电商供应链一直是这几年的风口，体现在新生鲜、跨境电商和新社区等方面。那么，电商供应链有何特征？它的优势体现在哪里？它的发展趋势是什么？

电商供应链的特征

1. 去中介化

在传统的供应链模式中，产品生产至消费活动的完成需要许多中介环节，如经纪人、批发市场、零售终端等，这在很大程度上影响了信息的对称性，加大了成本费用，存在着比较突出的产品消耗问题。

在电商供应链中，通过电商这一平台，生产者可以直接与消费者接触，省去了许多中

介环节，有助于供应链运行效率的显著提高，实现了消费者与生产者收益的共同增长。

2. 优化效率

一些产品的生产活动所花费的时间较长，这在很大程度上降低了供应链供需信息的对称性，打破了产品供需平衡，体现为生产端的产品存在滞销，而消费者的产品购买活动存在一定困难，产品价格会出现明显的增加，进而对市场经济的秩序造成了很大的破坏。

通过电商平台，供应链中的所有成员可以共享信息，这样可以促使供应链更好地满足消费者的需要，还能够将更加精确的预测提供给生产企业，更好地指导产品的生产工作。

3. 物流耦合

与传统的产品供应链相比，电商供应链更加重视物流活动，对物流活动提出了更加严格的要求。

在消费端的活动中，消费者的线上体验取决于物流效率。在生产端的物流配送环节，物流除了与产品的质量相关联，还和电商企业的运营成本息息相关，因为一些产品容易破损，一旦出现问题，这类产品的物流费用将会超出许多。

由此可见，电商供应链要想和谐发展，就需要高度重视物流环节，提高对物流环节的质量、效率与成本的关注度。

互联网＋背景下电商供应链的发展趋势

1. 电商供应链的多元化

例如：生鲜电商供应链。

生鲜电商充分发挥互联网的作用，打破时间、市场与空间的限制，严重冲击了传统供应链的发展。

在生鲜电商供应链中，物流信息发挥着关键性的作用。通过分析消费者的生鲜消费模式可以发现，大部分消费者的生鲜产品购买意向会受到平台推广的影响。在互联网＋环境中，智能终端的推荐对生鲜电商供应链的发展影响度越来越高，还能够与大数据技术紧密联系起来，系统地研究消费者的消费行为，这样可以加强对消费者生鲜消费行为的引导，确保生鲜供应链中所有环节无缝连接。

现阶段，在我国生鲜供应链的发展中，伴随着供应链覆盖区域的加大，相关的成本也会增长。因为生鲜产品保质期比较短，电商供应链在扩大销售范围的过程中，其保鲜费用也会增加。所以，在生鲜电商供应链的配送中，地区节点配送方式比较普遍。针对航空、公路、铁路等多种运输方式开展科学的规划活动，可以提升生鲜电商供应链的多元性，还可以促使生鲜电商区域配货机制变得更加健全，高效渗透并落实区域供应链战略发展理念。

例如：跨境电商供应链。

我国跨境电商业务体系已初具规模，在跨境电商业务体系的建构中，居于关键地位的就是跨境电商供应链。对于跨境电商供应链而言，需要合理管理采购、销售、存储与物流环节。跨境电商供应链利用的是海外建仓的形式，通过大数据技术，有效预测所有贸易对象的市场需求，预先跨境开展产品的调度与分配工作，进而提升跨境电商供应链的效率。

跨境电商供应链的运营所花费的费用非常高。所以，与传统的电商供应相比较，跨境电商供应链具备比较高的融资需求，在开展实际运营活动时，国家对外经贸政策与跨境金融服务应当为其提供更加良好的保障。

2. 互联网＋背景下的电商供应链与金融

例如：电商供应链金融具体情况。

在互联网＋背景下，电商供应链为了获取更多的库存产品，需要利用许多沉睡资金开展交换活动。所以，在当前的电商供应链金融活动中，除了要求资本总量，还需要多样化的供应链金融产品，并制定相关的金融服务机制。在电商供应链金融中，信用等级较高的企业居于主要地位。然而，立足于电商经济与电商供应链战略发展视角，倘若金融服务设置过高的门槛，便很难支持大部分企业，进而会在一定程度上影响产品调配效率与流动性。

例如：互联网＋背景下的电商供应链金融转型。

通过电商供应链，可以将市场交易数据信息提供给金融机构，这样金融机构就可以科学评估电商供应链的风险。电商供应链金融应当将更加良好的服务提供给电子商务平台，加快促进电商经济发展，使中小型电商居于中心地位，通过大数据技术，整理并分析中小型企业的市场营销数据，这样可以有效推动中小型企业融资活动的开展。

资料来源：物流沙龙．“互联网＋”背景下，电商供应链发展探析．(2021-02-01)[2021-05-03]. https://www.sohu.com/a/448082959_168370.

一、实训名称

生鲜电商供应链调查。

二、实训目标

通过案例，了解和掌握供应链合作伙伴关系构建的过程。

三、实训内容

1. 调查目前市场中有哪些做得比较好的生鲜电商。

2. 生鲜电商应该如何提高自己的竞争力？

3. 详细调查一家生鲜电商的经营情况。

4. 结合所学的供应链的知识，为该生鲜电商画出供应链结构图，并分析该电商供应链的运营类型。

5. 分析该生鲜电商在经营过程中或者供应链管理中的不足之处有哪些，并给出改进的意见或者建议。

参考文献

1. 万志坚，等. 供应链管理. 4版. 北京：高等教育出版社，2020.

2. 马士华. 供应链管理. 3版. 北京：中国人民大学出版社，2017.

3. 王长琼. 供应链管理. 北京：清华大学出版社，2017.

4. 宋华. 供应链金融. 3版. 北京：中国人民大学出版社，2021.

5. 刘宝红. 采购与供应链管理. 3版. 北京：机械工业出版社，2019.

6. 沈莹. 供应链管理. 北京：清华大学出版社，2013.

7. 刘永胜，等. 供应链管理. 北京：北京大学出版社，2012.

8. 王道平，等. 供应链库存管理与控制. 北京：北京大学出版社，2011.

9. 刘伟. 物流与供应链管理案例. 成都：四川人民出版社，2009.

10. 贾平. 供应链管理. 北京：清华大学出版社，2011.

11. 颜波，石平. 基于超效率 DEA 模型的绿色供应链环境下供应商评价与选择. 统计与决策，2013 (13).

12. 袁宇，关涛，闫相斌，等. 基于混合 VIKOR 方法的供应商选择决策模型. 控制与决策，2014，29 (3).